일러두기
중국어는 현재 통용되는 표준어음(교육부 외래어 표기법 기준)과 우리
한자음을 병기했음. 단, 지명은 중국어음으로, 청대까지의 인명은 우리
한자음으로 표기하고 그 이후의 인명은 중국어음으로 표기했음.

담장속
베이징문화

2008년 8월 1일 초판 1쇄 인쇄
2008년 8월 8일 초판 1쇄 발행

지 은 이 이은상
펴 낸 이 유원식
펴 낸 곳 도서출판 아름나무
등   록 2006년 12월 11일
등록번호 313- 06 -262 호

주   소 서울시 영등포구 문래동 3가 54-66 에이스하이테크시티 2동 1508호
전   화 02-707-2910
팩   스 02-701-2910
www.arumtree.com
e-mail books@arumtree.com

파본이나 잘못된 책은 바꾸어 드립니다.
책값은 뒤 표지에 있습니다.

ISBN 978-89-959896-7-8 ⓒ 2008 아름나무

이 책은 2007년도 정부재원(교육인적자원부 학술연구조성사업비)으로
한국학술진흥재단의 지원을 받아 연구되었음(KRF-2007-A00032).

담장 속
베이징 문화

contents

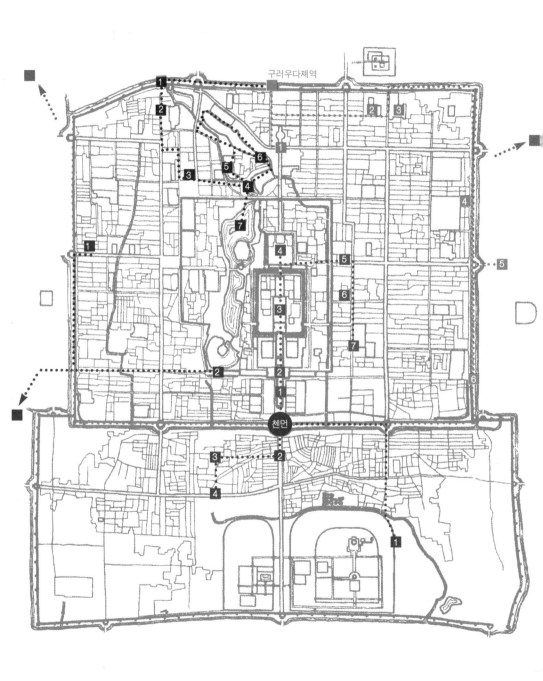

구러우다제역

쳰먼

베이징 둘러보기

1	2	3	4	5	6	7
천안문 광장	천안문	자금성	경산	중국미술관	라오서고거	왕푸징

1	2	3	4	5	6
고루	국자감	옹화궁	바오리예술박물관	동악묘	고관상대

798예술구

1	2	3	4
천단	다자란	류리창	호광회관

원명원, 이화원

1	2	3	4	5	6	7
적수담	쉬베이훙 기념관	메이란팡고거	궈머뤄고거	공왕부화원	은정교	북해

1	2	
루쉰고거	중난하이	수도박물관

프롤로그: 담장 속으로

1. 하늘에서 내려다 본 네모난 세계

중국은 참으로 여행하기 좋은 나라다. 비행기로 두 세시간 정도면 갈 수 있는 우리와 가까운 나라. 난 지금 현대 중국의 심장부인 베이징을 향해 가고 있다. 이륙한 지 얼마 되지도 않은 것 같은데 벌써 비행기가 고도를 낮추기 시작한다. 창밖으로 베이징이 눈에 들어온다. 기내에서는 친절하게도 모니터를 통해 하늘 아래 세계를 보여 준다. 외국을 여행하다 보면 목적지에 비행기가 내려앉을 때가 가장 가슴 설레는 순간이 아닐까.

베이징의 하늘 위에서 아래를 내려다보라. 작은 기내 창문 너머로 하늘에서 내려다보는 베이징의 모습은 네모반듯하다.

베이징은 네모난 세계다.

출발하기 전에 인터넷으로 호텔을 예약해 두는 것이 좋다. 어디가 좋을까. 가격이 저렴하고, 베이징 서민들의 진솔한 삶을 여과 없이 물씬 느껴볼 수 있는 곳, 지하철역이 가깝고, 베이징의 한복판에 위치하여 길을 나서기가 편리한 곳. 이러한 곳을 원한다면 추천할 만한 데가 있다. 천안문광장天安門廣場톈안먼광창과 고궁박물원故宮博物院구궁보우위안의 북쪽 언저리에 있는 쥬구러우다졔舊鼓樓大街에 위치한 유스호스텔이다. 필자가 머물었던 곳은 베이징구윈칭녠쥬뎬北京鼓韻青年酒店(北京市 西城區 舊鼓樓大街 51號)이란 자그마한 호텔이었다. 이곳을 찾아가려면 공항에서 공항버스를 타고 둥즈먼東直門에서 내린다. 여기에서 지하철을 타고 구러우다졔鼓樓大街역에서 내려서 B출구로 나와 남쪽으로

300미터 내려오면 된다. 이 주변에는 이 호텔 말고도 몇 개의 저렴한 유스호스텔들이 옹기종기 모여 있다. 전통적인 사합원의 운치를 느껴보고 싶다면 근처 샤오스챠오후퉁小石橋胡同 안에 위치한 주위안빈관竹園賓館이란 우아하고 아담한 호텔을 찾으면 된다.

왜 이곳이 좋은가. 우선 숙박비가 저렴하다. 필자가 머물렀던 호텔은 2인1실이 인민폐 160원이다. 동행할 친구가 있다면 돈을 더 많이 절약할 수 있다. 저렴하지만 싸구려 호텔은 아니다. 있을 것은 다 있다. 무선 인터넷이 되고, 셀프 세탁을 할 수 있고, 안전이 보장되며, 외국어를 유창하게 구사하는 직원이 친절하게 궁금한 모든 걸 해결해준다. 조금만 걸어가면 구러우다졔역이란 지하철역이 있어 교통이 편리하고, 지하철역에서 길 하나만 건너면 재래시장이 있으니 싱싱한 과일을 맘껏 즐길 수 있고 구경거리도 심심찮다. 근처에 할인마트와 전자상가도 있고, 싸고 맛있는 음식을 파는 식당들이 주변에 널려 있어 식도락의 즐거움이 솔솔하다. 관광지가 아니니 바가지 걱정도 없다. 베이징의 중심부에 있어 치안도 완벽하다. 호텔 주변은 모두 사합원과 후퉁이다. 베이징 서민들의 생활을 그대로 느껴볼 수 있다. 주변의 후퉁을 자전거를 타고 쏘다녀보라. 관광 가이드북에 나오지 않은 숨은 명소들과 볼거리가 수두룩하다. 이보다 좋은 숙소, 베이징에서 찾아보기 힘들지 않을까.

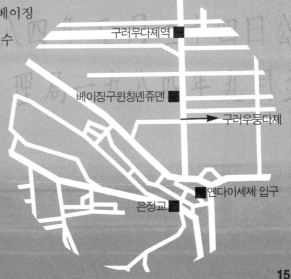

烟袋斜街
YANDAI XIEJIE

烟袋
9

호텔에 짐을 풀고 근처를 돌아보며 길을 익혀두는 것도 좋다. 공항 구내서점에서 베이징 지도 사두는 것도 잊지 말자. 유용하게 쓰인다. 지도를 펼쳐 들고 호텔 주변을 쏘다녀보자. 방향감각을 잃지 않도록 조심하면서. 자금성紫禁城쯔진청 북쪽, 옛날 베이징 사람들에게 시각을 알려주던 고루鼓樓구러우와 종루鐘樓중러우가 바라 보이는 곳. 주변을 둘러봐도 빌딩이라곤 찾아볼 수 없는, 베이징의 서민들이 사는 곳. 독자는 지금 베이징 후통과 사합원의 심장부에 서 있음을 깨닫게 될 것이다.

멀리 바라보이는 고루를 향해 걸어가 보자. 고루 앞에서 왼쪽으로는 구러우둥다졔鼓樓東大街, 그 반대편 오른쪽으로는 구러우시다졔鼓樓西大街다. 고루 정면으로 난 길인 디안먼와이다졔地安門外大街는 자금성과 연이어져 있다. 고루 담장을 따라 골목 안으로 들어가면 베이징의 유명한 후통들의 복잡한 네트워크의 세계로 빠져들게 된다.

오늘은 우선 고루 바로 앞 디안먼와이다졔로 걸어가 보자. 조금만 걸어 내려가면 오른편으로 난 골목 입구에 패루牌樓 하나가 버티고 서 있다. 그 위 편액에는 '옌다이셰졔煙袋斜街'란 글자가 새겨져 있다. '담뱃대 거리'라. 골목 안으로 들어가 보자. 서울 인사동 비슷한 분위기를 자아내는 가게들이 늘어서 있다. 아니, 그보다는 인사동과 홍대 앞 카페거리를 합해 놓았다고 하는 편이 더 어울리겠다. 중국의 신세대들이 좋아할 성 싶어 보이는 옷가게, 외국 관광객들의 시선을 끌만한 인장 새기는 가게, 다구茶具를 파는 가게 등등.

근데 갈수록 카페들이 조금씩 보이더니, 골목 모퉁이를 돌아서니 갑자기 환해진다. 시끄러운 록 음악 소리가 들리기 시작한다. 온통 붉은 색 네온사인이다. 늦은 밤인데도 수많은 젊은 남녀가 몰려다닌다. 또 조금을 가면 아담한 다

낮의 은정교

리가 하나 나타난다. 어두운 밤 호수 위 배에서 밝힌 불빛이 물 위에서 흔들댄
다. 자, 독자가 지금 서 있는 이 작은 다리는 허우하이後海와 쳰하이前海를 잇는
은정교銀錠橋인딩챠오라는 유명한 다리다. 여러분이 들어선 이곳은 옛 중국 황
제들의 놀이터였던 스차하이十刹海의 심장부다.

　여행의 첫 날이니 오늘은 여기까지만 가자. 방향감각을 되살려 다시 왔던 길
로 되돌아가자. 호텔을 향하여.

2. 네모난 걸 좋아하는 중국인들

호텔 로비 소파에 앉아 쉬면서 몇 시간 전 하늘에서 내려다 보았던 네모난 세계에 관해 생각해 보았다. 중국인들은 왜 네모반듯한 걸 좋아하는 걸까. 중국 사람들이 네모난 걸 좋아한 것은 언제부터일까. 아마도 상商나라(기원전 1600년경-기원전 1045년경) 때부터가 아닐까 생각된다. 당시 중국인들은 이 세계가 5개의 네모난 땅으로 이루어져 있다고 생각했다. 그 한가운데 그들의 '중국中國'이 있고 그 주위를 4개의 네모난 땅들이 둘러싸고 있다는 것이다.

사방四方(네 개의 네모)은 여기서 생겨난 말이다. '아亞'라는 한자는 당시 중국인들의 이러한 공간인식을 나타내주는 상징부호다. 상나라 중국인들은 사방을 자신들과 다른 이질적인 존재들이 살고 있는 땅으로 여겼다. 그래서 자신들과 같은 계통의 종족들에겐 '亞'자를, 자신들과는 다른 이질적인 종족들에겐 '方'자를 붙여 자신들과 차별화했다. 이러한 인식의 흔적은 方자가 들어간 한자들에서도 엿볼 수 있다.

'거리끼다'란 뜻을 가진 妨자는 사방에서 온 여자를 가리킨다. 자신들의 커뮤니티에 속할 수 없는 아웃사이더다. 그래서 '추방하다'란 뜻을 지닌 放자는 몽둥이로 사방에서 온 이방인을 내쫓는 모양에서 비롯된 한자다. '막다'란 뜻의 防자 또한 사방으로부터의 침입을 막기 위해 쌓은 언덕, 즉 토성을 뜻한다.

중국인들은 담장 쌓기를 좋아한다. 성을 쌓아놓고 성 안에 있는 사람을 국인國人, 성 밖에 사는 사람을 야인野人이라 하여 자신들과 담장 밖에 있는 타자를 구별했다. 담장 안은 문명의 세계이고 담장 밖은 문명의 혜택을 받지 못하는 야만의 세계라는 것이다. '안도安堵'란 말이 있다. 편안한 담장. 담장 안에 있으면 편안하다는 거다. 중국인들은 담장 안에 있으면 편안함을 느낀다.

중국인들의 타자와의 구별 짓기는 그들이 쌓아 놓은, 세계에서 가장 크고 긴 담장인 만리장성에서도 잘 나타난다. 중국인들이 왜 만리장성을 쌓았던 것일까. 진시황제가 만리장성을 쌓기 시작했을 때 그 너머에는 터프한 흉노족이 있었다. 중국인들의 담장 쌓기가 이러한 이민족의 침입을 막기 위한 것이 유일한 목적이었을까. 과연 그럴까. 만리장성에는 참으로 흥미로운 비밀이 숨겨져 있다. 만리장성이 강우량을 기준으로 나눈 문명과 야만의 경계선이란 사실이다. 공교롭게도 만리장성이란 담장 안은 농작물의 경작이 가능할 만큼의 비가 내리는 지역으로 일찍부터 농경사회를 이루었고, 그 너머 담장 밖 북쪽은 강우량이 부족하여 농사는 불가능하고 유목 밖에 할 수 없는 척박한 땅이다. 중국인들은 만리장성을 쌓아 농경을 하는 자신들과 유목민족을 구별한 것이다.

3. 사합원

내일 본격적으로 베이징을 둘러보기에 앞서 베이징에 관한 예비지식을 좀 더 쌓아두자.

필자가 머물었던 쥬구러우다제 주변은 베이징의 다른 지역에 비해 옛 베이징의 모습을 아직도 많이 간직하고 있다. 이 지역 사람들은 네모진 담장으로 둘러진 사합원四合院에 살고 있다. 사합원은 베이징의 전형적인 주거형태다. 사합원에 관한 이야기를 한 번 해보자. 원院은 마당을 뜻한다. 사합원은 마당을 중심으로 사면에 담장을 쌓아 놓은 닫힌 공간이다. 서양에도 마당이 있다. 근데 그들의 마당은 열린 공간이다. 광장을 중심으로 사방으로 뻗어 나가는 공간구도이다.

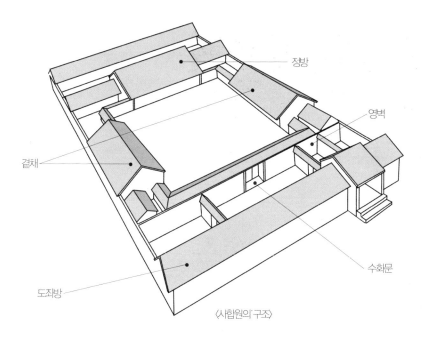

장방

영벽

곁채

수화문

도좌방

〈사합원의 구조〉

　사합원은 남북으로 길게 뻗은 직사각형 구도다. 동서로는 후퉁이라는 골목이 길쭉하게 뻗어 있다. 바깥세상과 통하는 대문은 남쪽 오른쪽 귀퉁이에 있다. 대문을 들어서면 가장 먼저 만나는 것이 영벽影壁이란 가림막 역할을 하는 벽이다. 중국인들은 귀신이 직선으로만 움직인다고 믿었다. 예전에 유행했던 강시 영화를 상기해보면 이해가 빠를 것이다. 강시는 앞뒤로만 움직이지 코너를 돌지 못한다. 그래서 나쁜 귀신이 집 안으로 들어오지 못하게 벽으로 막았다. 이 영벽은 또한 길을 지나가는 사람들이 집 안을 훔쳐보지 못하게 하기 위한 역할도 한다. 영벽 앞에서 왼쪽으로 모퉁이를 돌아가면 오른 편에 수화문垂花門이란 문이 나타난다. 이 문으로 들어서면 마당이 나오고, 정면으로 보이는 것이 사합원의 중심 건물인 정방正房이고 양 옆으로 상방廂房이라는 곁채가 있

다. 대문이 있는 남쪽의 도좌방倒座房을 합하여 사합원은 안마당을 중심으로 사면이 건물로 둘러싸인 닫힌 공간이다.

중국인들은 이 사합원 안에서도 공간을 차별화했다. 남쪽에서 북쪽으로 들어갈수록, 오른쪽보다는 왼쪽, 측면보다는 중앙이 더 중요하다. 그래서 가장家長이 자리하는 북쪽 중앙에 있는 정방은 사합원에서 가장 중요한 자리다. 정방의 정중앙 벽에

중국인들은 대문 양쪽에 문신의 그림을 많이 붙여 놓는다. 집 안으로 나쁜 귀신이 들어오지 말라는 거다.

다 조상의 위패를 모셔 놓고 제사를 지내고, 혼례도 여기에서 치르고, 손님도 여기에서 맞는다. 집 안에서 가장 중요한 일들이 모두 이곳에서 이루어진다. 근데 가장이 기거하는 정방이 왜 가장 북쪽에 있을까. 그것은 정방이 명당에 해당하기 때문이다.

명당은 원래 중국의 통치자가 기거하던 곳이다. 종교의식과 정치가 모두 이곳에서 이루어진다. 중국의 황제는 북극성에 비유된다. 하늘에 별들이 북극성을 중심으로 포진하고 있듯이 중국의 황제는 북쪽에서 남쪽을 바라보면서 만백성에 군림하는 것이다. 가장은 한 가정의 '통치자'다. 사합원 안의 '군주'

다. 그래서 그가 기거하는 곳 또한 황제와 마찬가지로 가장 북쪽에 있다.

4. 공자님은 베이징의 모양을 네모나게 만든 장본인

'수신제가치국평천하修身齊家治國平天下'란 말이 있다. 가족 구성원 개개인이
자기관리를 잘하면 한 가정이 가지런해지며, 모든 가정이 가지런하면 결국 온
나라가 다스려지며, 그러다보면 천하세계가 평안해 진다는 거다. 근데 어떻게
한 개인의 자기관리가 천하세계의 평화로 이어질 수 있을까. 이러한 엄청난
일을 가능하게 하는 원동력은 바로 유교다. 부모에게 효도하고, 형제 간에 우
애 있고, 담장 밖으로 나가서는 다른 사람들을 사랑으로 대하는 것이 유교 사
회에서 한 개인이 기본적으로 해야 할 자기관리다. 세계가 평화로워지는 것이
이처럼 간단하다.

　뒷 쪽의 그림을 보라. 당나라 수도 창안長安과 같은 시기 로마의 모
습이다. 두 도시의 모습이 판이하게 다르다. 창안은 하늘 위에
서 내려다보았던 베이징의 모습과 마찬가지로 네모반듯한
세계다. 창안은 방坊이라는 수없이 많은 네모난 담장들
로 이루어 졌다. 하나의 방은 100호 정도의 가구로 구
성된다. 각 방은 외부로 통하는 출입구가 하나밖에
없으며, 각 가구들은 다시 네모난 담장으로 둘러싸여
있으며, 각 가구로 들어가는 길은 좁은 골목길로 되어
있다. 성 밖으로 나가려면 집의 담장, 방의 담장 그리
고 성벽 등 수많은 네모난 담장을 통과해야 한다.
가장 작은 담장 안은 가장이 가족을 다스리며, 그 가

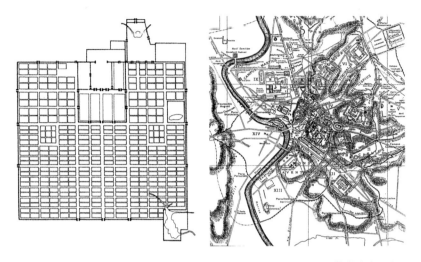

족이 속해 있는 더 큰 네모난 담장인 방은 '방장坊長' 이 다스리고, 방보다 더 큰 네모난 담장인 성벽 안은 '성장城長' 이 다스린다. 이 성들이 모여, 중국을 북쪽으로 에두른 만리장성이란 가장 큰 담장 안은 황제가 다스리는 거다. 가장 작은 담장 안을 가장이 유교를 바탕으로 잘 다스리면 이것이 확대되어 천하세계가 평온해지는 거다. 부모에 대한 효孝가 자연스럽게 임금에 대한 충忠으로 연결된다. 이것이 유교다. 통치자가 보기에 얼마나 멋진 사상인가.

로마를 보라. 창안에 비해 무질서해 보인다. 같은 시기 두 제국의 수도가 왜 이토록 다르게 생긴 것일까. 로마의 '꼴' 을 이 모양으로 만든 로마인들의 생각의 틀은 무엇이었을까. 참으로 궁금하지 않은가. 격자형 구도는 농경사회의 기본적인 공간 골격이다. 창안과 베이징이 네모반듯한 이유다. 그렇다면 로마가 이 꼴을 하고 있는 것은 유럽이 교역 중심 사회라서 그런가. 당시 로마는 일부다처제였다. 중국은 일부일처제다. 중국은 유럽보다 가족을 매우 중요시했다. 가족에 대한 인식의 차이가 창안과 로마의 모습을 이처럼 다르게 만든 것은 아닐까.

코스

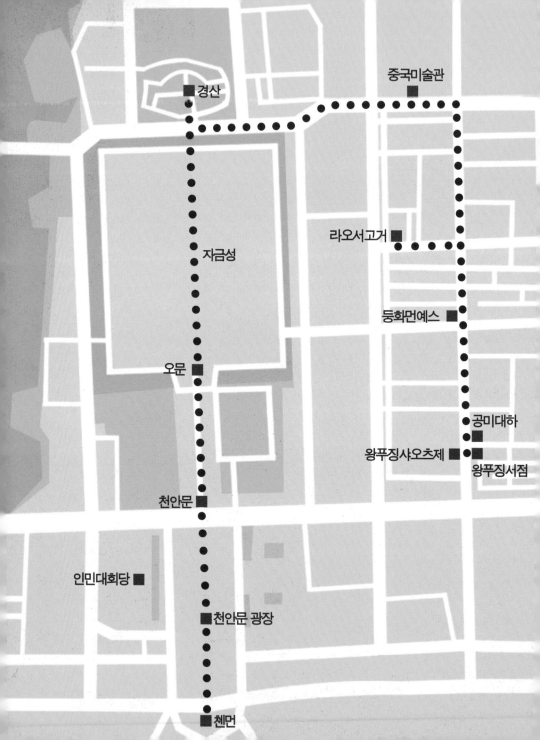

경산

중국미술관

라오서고거

자금성

둥화먼예스

오문

공미대하

왕푸징샤오츠제

왕푸징서점

천안문

인민대회당

천안문 광장

첸먼

★1 베이징 중심축

첸먼前門 ▶ ▶천안문광장天安門廣場 ▶ ▶ 자금성紫禁城 ▶ ▶

중국미술관中國美術館 ▶ ▶ 라오서고거老舍故居 ▶ ▶ 왕푸징王府井

이 코스는 첸먼前門에서 시작한다. 베이징에서 가장 중요한 볼거리는 모두 베이징의 가장 한가운데 남북으로 뻗은 중심축 선상에 있다. 첸먼에서 시작하여 북쪽으로 이 중심축을 따라 쭉 올라가며 천안문광장을 거쳐 자금성을 둘러보고 출구를 나와 오른쪽으로 방향을 틀어 중국미술관과 라오서고거 그리고 마지막으로 왕푸징을 둘러 보는 코스다. 하루가 꼬박 걸릴 것이다.

1. 천안문 광장

천안문광장天安門廣場톈안먼광창은 세계에서 가장 큰 광장이다. 모스크바 붉은 광장의 3배이며, 미식 축구장 90개에 해당하는 면적이다. 북쪽에는 자금성, 동쪽은 중국국가박물관中國國家博物館중궈궈쟈보우관, 서쪽은 인민대회당人民大會堂런민다훼이탕 그리고 천안문광장의 중앙에는 1958년에 세워진 37m의 인민영웅기념비人民英雄紀念碑런민잉슝지녠베이가 서 있다. 모두 중화인민공화국 탄생 10주년을 기념하기 위해 1958년과 1959년 사이 10개월이란 시간이 걸려 완성되었고, 남쪽으로는 1977년에 마오쩌둥毛澤東(1893-1976)의 시신을 영구 보존하기 위한 모주석기념관毛主席紀念館마오주시지녠관이 들어섰다.

1.1. 담장에서 광장으로

자, 이제 베이징 여행을 본격적으로 시작해보자. 지하철을 타고 쳰먼역에서 내려 출구A로 나온다. 여행을 시작하기 전에 잠시 베이징의 공간구도를 익혀두는 것이 좋겠다. 뒷쪽에 있는 그림은 청나라 때 베이징의 모습이다. 옛 베이징의 기본 골격은 크게 네 개의 성벽으로 이루어졌다. 지금 우리가 서 있는 쳰먼을 경계로 남쪽은 외성, 북쪽은 내성이다. 북쪽 내성은 만주족과 몽골이 살았고, 남쪽 외성은 한족들이 모여 살았다. 내성 안에는 또 하나의 성이 있다. 쳰먼의 북쪽에 있는 천안문天安門톈안먼은 내성 안에 있는 황성皇城으로 드는 입구다. 이 황성 안에 성이 또 있다. 천안문과 단문端門돤먼을 지나면 오문午門우먼이 나온다. 내성의 가장 안쪽에 있는 성인 자금성

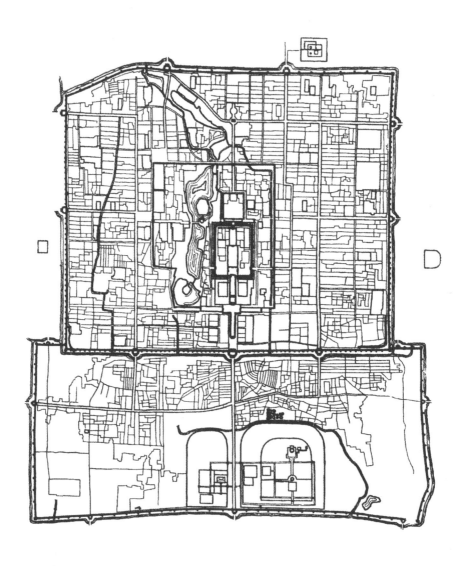

17–18세기 베이징 조감도

으로 드는 입구다. 성 안에 성이 있고, 그 성 안에 또 성이 있다.

담장... 담장... 담장...

베이징은 온통 담장으로 둘러싸여 있다. 네모난 담장의 세계이다.

우리는 지금 베이징의 남북으로 뻗은 중심축 바로 위에 서 있다. 이 길은 외성의 가장 남쪽 경계선에 있는 영정문永定門융딩먼에서 시작하여 자금성 북쪽 너머 종루鐘樓중러우까지 뻗쳐 있다. 쳰먼에서 천안문광장으로 향해 걸어가자. 멀리 동서로 길게 뻗은 창안졔長安街 건너편 천안문 위에 걸려 있는 마오쩌둥의 초상화가 눈에 들어올 것이다. 초상화 양 옆으로 '중화인민공화국 만세'와 '세계 인민 대단결 만세'란 문구가 걸려 있다. 옛 시절 황성으로 드는 입구였던 천안문이 지금은 현대 중국의 상징으로 변모했다.

1949년 10월1일, 마오쩌둥은 천안문의 발코니에서 중화인민공화국의 탄생을 선포했다. 이 날 마오쩌둥의 연설을 듣기 위해 천안문광장에 모였던 30만의 군중들은 '중화인민공화국 만세,' '모주석毛主席 만세'를 외쳤다. 20세기에 들어와 베이징이 수많은 변혁을 겪었지만 마오쩌둥이 중화인민공화국을 선포하던 1949년의 그 날까지도 천안문 앞은 15세기에 처음으로 건설된 이래 큰 변화 없이 옛 모습을 간직하고 있었다. 마오쩌둥이 천안문의 발코니 위에서 내려다 본 것은 여전히 동쪽과 서쪽 그리고 남쪽 3개의 성문이 지키고 있는, 담장으로 에두른 T자형 울타리였다. 이 T자형 울타리는 남쪽 외성의 영정문에서 북쪽의 종루까지 남북으로 길게 뻗은 중심축 선상에 있었다. 여전히 우주 중심으로서 황제의 위상을 상징적으로 보여주는 옛 기념비가 사라지지 않았다.

명나라와 청나라 정부는 과거시험을 통해 관리를 선발했다. 가장 높은 단

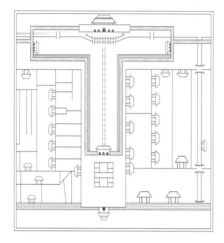 

청나라때 천안문 그림지도(좌) / 천안문에 걸려있는 중국의 국장(우)

계인 진사進士 시험은 3년마다 자금성 안에서 치러졌다. 시험을 치기 위해 수험생들은 동쪽의 장안좌문長安左門창안쮜먼을 통해 들어갔다. 시험이 끝나고 그 결과는 이 동쪽 성문 밖에 나붙었다. 그래서 장안좌문은 달리 '용문龍門' 이란 명예로운 이름으로 불려졌다. '등용문登龍門' 이란 말이 여기에서 나왔다. 이와는 대조적으로 서쪽의 장안우문長安右門창안유먼은 형벌 및 죽음과 관련 있다. 이 서쪽 문은 '호문虎門' 이란 이름을 얻었다. 매년 가을 첫 서리가 내리기 전 사형선고를 받은 죄수들은 이 '호랑이문' 으로 들어와 다음과 같은 간단한 질문을 받았다고 한다. "네가 받은 사형선고가 정당한 것인가 아니면 부당하다고 생각하는가?" 대부분의 죄인들은 심한 고문에 녹초가 되어 대답할 힘도 없었다. 간혹 운이 좋은 죄수는 다음해 가을에 똑같은 질문을 다시 받을 때까지 1년을 더 살 수 있었다.

T자형 울타리의 세로, 천안문 앞 남쪽으로 뻗어 있던 길은 천보랑千步廊이었다. 그 양 옆으로 관청이 늘어서 있었 다. 동쪽은 문관, 서쪽은 무관이 포진되어 있었다. 이처럼 방향에 따라 관리의 성격을 나누어 건물을 배치한 것은 음양오행에 바탕을 둔 것이다. 삶은 동쪽에서 시작하여 서쪽에서 끝난다. 해의 움직임과 같다. 이러한 우주적 프로그램을 모방함으로써 중국의 천자天子는 그의 통치의 정통성을 보장받는 것이다. 천안문은 황제의 덕이 발산되던 곳이다. 그의 문화적 영향력이 천안문 앞 양 옆으로 늘어서 있는 육부六府 관리들을 통해 온 백성들에게 그 혜택이 퍼져 가는 것이다.

마오쩌둥은 고도 베이징에 정부를 세우기로 결정했다. 새로운 중국을 건설한 마오쩌둥은 이러한 구시대 황제의 자취를 없애야 했다. 새로운 정체성 정립이 필요했던 거다. 그래서 그는 T자형 울타리를 무너뜨렸다. 1952년에 장안우문과 장안좌문을 허물었고, 천보랑은 공화국 초기에 없애버렸지만 성벽은 허물지 않아서 T자형 울타리는 그대로 남아 있다가 1955년부터 1957년 사이에 단계적으로 해체되었다. 1958년에는 인민영웅기념비를 세울 공간을 마련하기 위해 T자형 울타리의 남쪽 문이던 중화문中華門중화먼을 허물었다. 성벽과 성문, 비석, 인공하천, 다리, 패루 그리고 수많은 관청과 거주지 등 옛 봉건적 잔재들이 함께 사라졌다. 바로 그 자리에 인민대회당과 중국역사박물관中國歷史博物館중궈리스보우관(현재의 중국국가박물관)이 1958년과 1959년 10개월이란 시간이 걸려 완성되었고, 1977년에 모주석기념관이 건립되었다. 옛 건물들을 완전히 무너뜨리는 데 무려 30년의 세월이 걸렸다. 새로운 베이징과 중화인민공화국의 중심이 되기 위해서 천안문광장은 담장으로 에두른 폐쇄된 공간인 자금성의 굴레에서 벗어나 열린 공간으로 거듭나야 했던 것이다.

인민영웅기념비

옛 담장을 허물고 건설한 천안문광장은 새로운 중국의 중심이며 상징이 되었다. 천안문광장의 건설로 베이징의 무게 중심이 남쪽으로 내려 왔다. 구시대 유물인 자금성을 뒤로 하고 현대 중국의 역사가 마오쩌둥의 초상화가 걸려 있는 천안문에서 시작된 것이다. 또한 천안문광장을 가로질러 동서로 달리는 창안제가 새로운 중심축으로 부각되었다.

현대 중국이 건설한 천안문광장은 현재와 과거를 대비시킨 구도로 짜여졌다. 현대 중국의 '살아 있는' 지도자를 위한 천안문과 '죽은' 지도자가 안치되어 있는 모주석기념관, 그리고 과거의 역사를 담고 있는 중국국가박물관과 현재의 역사를 만들어 가는 인민대회당이 서로 마주 보고 있다. 천안문과 모주석기념관 사이, 남북의 중심축 위에 인민영웅기념비가 우뚝 서 있다. 1949년 마오쩌둥이 기념비의 초석을 놓았을 때 그는 이 건축물의 위치만을 결정했을 뿐 그 방향에 대해서는 언급하지 않았다.

황제는 북쪽에 있으면서 남쪽을 바라본다. '남면南面' 즉 남향이 중국의 전통적인 도시설계의 기본이다. 계획위원회의 모든 위원들이 전통적인 방식에 따라 기념비를 남쪽으로 향하도록 하는데 동의했다. 그러나 이 계획은 마오쩌둥이 쓴 글씨를 새긴 중앙의 석판을 이 오베리스크에 끼워 넣기 바로 몇 분 전에 변경되었다. 북쪽으로 향하도록 계획을 바꾼 것이다. 마오쩌둥과 저우언라이周恩來(1898-1976)의 동의 아래 당시 베이징 시장이었던 펑전彭眞이 내린 결정이었다. 그 이유가 뭘까. 인민영웅기념비를 북쪽으로 향하도록 세워두면 바로 천안문과 마주 보게 된다. 그럼으로써 천안문광장은 남면 구도에서 탈피하여 남북의 축과 동서로 뻗은 창안대로의 축이 만나는 지점이 된다. 사방의 중심이 된 것이다. 또한 천안문(현재)과 모주석기념관(과거) 그리고 중국국가박물관(과거)과 인민대회당(현재)의 중심점에 위치함으로써 과거와 현재의 중심점에 서게 되는 것이다.

1.2. 인민대회당의 붉은 별

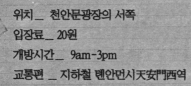

위치 _ 천안문광장의 서쪽
입장료 _ 20원
개방시간 _ 9am-3pm
교통편 _ 지하철 톈안먼시天安門西역

인민대회당의 34개 방

천안문광장의 한가운데 서서 어딜 갈까 고민해보자. 모주석기념관, 중국국가박물관 그리고 인민대회당……이 세 곳을 다 둘러보면 가장 이상적이겠지만 시간상 한 곳을 꼽자면 인민대회당이 아닐까. 현대 중국의 상징인 천안문광장에서 지금의 중국을 가장 잘 보여주는 곳이 아닐까. 인민영웅기념비에서 서쪽으로 발길을 옮겨 인민이 일구어낸 현대 중국을 알기 위해 인민대회당을 들여다 보자.

인민대회당은 중국의 최고 권력기관인 전국인민대표대회가 열리는 회의장이다. 들어가는 데 절차가 꽤나 복잡하다. 입장료를 내고 휴대품을 입구에 보관하는 데 또 돈을 내야 한다. 카메라 휴대가 허용되는 것이 그나마 다행스럽다. 인민대회당에 들어와서 받은 첫 인상은 이곳이 수많은 크고 작은 방들로 가득 차 있다는 거다. 가장 큰 방은 중국 전역에서 선출된 지역대표들이 모인 전국인민대표대회가 열리는, 말 그대로 만 명을 수용할 수 있다는 만인대례당萬人大禮堂완런다리탕이고, 5천명을 수용할 수 있는 연회장인 대연회청大宴會廳다옌훼이팅 그리고 그 밖의 각종 방들로 가득하다. 이 많은 방들

가운데 우리의 관심을 끄는 것은 34개의 방들로 이루어진 지방청地方廳디팡팅이다. 지방청은 중국 전국 34개 지역을 대표하는, 각 지역의 예술가들과 건축가들이 심혈을 기울여 디자인하고 꾸며놓은 방들이다. 그 지역의 특색을 잘 말해주는 유명한 경관을 벽화로 그려 놓거나 특산물 같은 것을 전시해 놓았다. 예를 들어, 북경관北京館베이징관은 자금성을 그린 큰 그림을 벽에 걸어 두었고, 호남관湖南館후난관과 섬서관陝西館산시관은 청동기를 전시하여 이 두 지역의 문화유산을 자랑한다. 신강관新疆館신장관은 위구르의 장인들이 만든 양탄자를 깔아 놓았다. 티베트관에는 라마불교의 불화인 탕카를 벽화로 그려놓았다. 각 지역의 특색에 맞게 방을 꾸며놓은 것이다. 지금은 사천관四川館쓰촨관과 상해관上海館상하이관만 개방하고 있다.

이 34개 방을 기획한 중국 정부의 발상이 참으로 놀랍다. 기가 차다. 왜 이런 생각이 드는 것일까. 인민대회당은 1958년 10월에 짓기 시작하여 10개월 만에 완성했다. 새로운 베이징을 건설하는데 마오쩌둥과 저우언라이의 생각이 많이 반영되었다는데 이 34개 방을 만들 생각은 누가 한 것일까. 자, 이제 왜 이 방들이 놀라운 것인지 그 이유를 이제부터 찬찬히 풀어보자.

옛날에 우임금이란 사람이 있었다. 중국인들이 그들의 최초 왕조라고 여기는 하나라를 세웠다는 전설 상의 인물이다. 그는 하나라를 세우면서 중국을 9개 지역으로 나누었다. 이것을 '구주九州'라고 한다. 우임금은 이 9개 지역으로부터 두 가지 공물을 바치게 했다. 하나는 각 지역에서 나는 금속이었고 다른 하나는 각 지역을 대표할 수 있는 사물을 그린 그림이었다. 우임금은 각 지역에서 공물로 보낸 금속을 녹여 청동기 세 발 솥을 주조하면

서 거기에다 그 지역에서 함께 보낸 그림을 새겨 넣었다. 9개 지역에서 보낸 금속으로 만들었으니 세 발 솥은 모두 9개가 된다. 이것이 전설로 전해지는 '구정九鼎'이다. 하나라 주변의 9개 지역의 부족들이 그들 지역에서 나는 쇠붙이와 사물의 그림을 우임금의 하나라로 보냈다는 것은 곧 하나라에 복속하겠다는 생각을 표명한 것으로 해석된다. 9개 지역에서 보낸 공물로 9개 세 발 솥을 만든 것은 곧 그들이 하나의 정치적 연합체로 묶여졌음을 의미한다. 9개 세 발 솥을 소유함으로써 우임금은 통일된 정치권력을 행사할 수 있는 것이다.

다시 인민대회당에 있는 34개의 방으로 돌아가자. 우임금이 마오쩌둥으로, 9개의 세 발 솥이 34개의 방으로 교체되었을 뿐 그 의미는 동일하다. 타이완과 홍콩을 포함한 중국 전국 각 성과 자치구, 직할시와 특별행정구 34개 지역의 예술가와 건축가들이 그들이 해당된 지역을 상징하는 방을 설계하고, 그 한정된 공간에 그 지역을 대표할 수 있는 문화상징물들의 그림을 그려 방을 장식했다. 우임금이 9개 지역을 상징하는 사물의 그림을 청동기에 새겨 넣은 것과 다르지 않다. 자신이 속한 세계의 문화상징물들을 수집하는 것은 문화적 동질성을 추구하기 위한 보편적인 행위다. 문화를 수집하는 것은 곧 세계를 자신의 것으로 만드는 상징적인 행위다. 문화 수집은 수집한 대상 지역에 대한 문화적 지배를 의미한다. 세계를 수집하는 것은 곧 세계를 지배하는 것이다. 34개 지역의 문화를 구성하는 다양한 상징물들을 인민대회당이란 한정된 공간에 둠으로써 이 상징물들은 특정한 시간과 공간의 역사적 맥락에서 벗어나 문화적 동질성을 갖게 된다. 하나 된 중국! 중국 정부가 바라는 것이다.

인민대회당의 벽시계

인민대회당 1층에는 양쪽으로 두 개의 커다란 벽시계가 서로 마주 보고 있다. 둔탁하게 생긴 벽시계가 심상찮게 보인다. 중국은 유럽 전체 면적과 맞먹는 광대한 땅을 갖고 있음에도 불구하고 하나의 시간대를 고수하고 있다. 베이징 시간이 중국의 표준시간이다. 그것도 여기 인민대회당 1층에 있는 벽시계를 기준으로 한다. 참으로 의미심장한 시계다. 1년에 한 번 열리는 전국인민대표회의 전인대에 참석하기 위해 중국 각지에서 수많은 지역대표들이 이곳으로 모여든다. 벽시계가 있는 중앙대청中央大廳중앙다팅은 만인대례당과 바로 연결되어 있다. 지역대표들은 만인대례당으로 들어가기 전에 이곳에 걸려 있는 벽시계를 보고 그들의 시계를 맞춘다.

만주에서 티베트까지, 중국 전 지역이 그들의 지역 시간을 베이징 시간으로 맞춘다. 하나의 통일된 시간으로 다양한 인종으

로 이루어진 중국을 하나의 중국으로 다스려 보겠다는 생각이다. 시간을 장
악하여 중국을 통치하겠다는 발상, 참으로 기발하다.

천자가 아닌 인민의 나라

자, 이제 인민대회당의 하이라이트인 만인대례당을 들여다보자. 중국 전역
에서 지역대표들이 모여 중국의 중요 정책을 결정하는, 그래서 인민대회당
에서 가장 크고 가장 중요한 이 회의장은 건설될 때부터 그 크기와 설계에
대해 논란이 많았다. '만 명을 수용할 수 있는 회의장'을 건설하겠다는 의
도는 일찌감치 표면화되었지만, 일부 건축가들은 지나치게 '거대한' 규모
에 대해 우려를 표시했다. 그러나 이 무리해 보이는 계획은 실행에 옮겨졌

인민대회당의 붉은 별

다. 이 회의장이 중국과 그 인민의 이미지를 공간적으로 구현하는 상징적인 건축공간이란 이유에서였다. 유럽 전체 면적과 맞먹는 거대한 나라 중국, 당시 인구 6억 5천만의 인민을 대표하는 사람들이 한자리에 모여 중국의 중요 정책을 결정하고, 그들의 경험을 서로 주고받는 이러한 '거룩한' 장소가 만 명을 수용할 정도의 공간은 되어야 한다는 생각에서였다.

이 회의장에서도 우리의 눈길을 끄는 게 하나 있다. 위를 올려다보라. 커다란 붉은 별 하나가 천장 위에서 반짝인다. 이 회의장이 중국과 그 인민을 상징한다면, 천장의 설계는 인민에 영원히 군림할 공산당의 불변하는 권위를 강조하고 있다. 둥근 천장은 광활한 우주를 상징하며, 그 한가운데 떠 있는 붉은 별은 중국 공산당의 지도력을 표상한다. 황금빛을 발하는 붉은 별은 황금빛 해바라기 문양들에 둘러 싸여 있다. 또 그 주위를 수많은 작은 불빛들이 포진하고 있다. 앞서 이미 살펴 보았듯이, 하늘의 수많은 별들로 에두른 북극성은 중국의 황제를 상징한다. 근데 이 회의장 천장에 표현된 우주에는 붉은 별이 북극성을 대신하고 있다.

붉은 별 이야기를 좀 더 해보자. 천안문에 걸려 있는, 중국을 상징하는 국장을 다시 살펴보자. 국장은 천안문 위에 5개의 별 그리고 그 주위를 톱니바퀴와 곡식의 이삭이 둘러싸고 있는 도안으로 이루어졌다. 천안문은 중국 민족의 유구한 역사와 문화를 의미하고, 톱니바퀴와 이삭은 각각 노동자와 농민을 나타낸다. 붉은색은 혁명을, 노란색은 광명을 상징한다. 5개의 별 가운데 가장 큰 별은 중국 공산당을 가리키며, 그것을 둘러싸고 있는 4개의 작은 별은 노동자, 농민, 도시소자산계급 그리고 민족자산계급을 표상한다. 즉 5개의 별은 중국 공산당의 영도 아래 모든 중국 인민들이 하나로 단결한다는

메시지를 상징적으로 나타낸다. 그래서 이 회의장 천장에 떠 있는 붉은 별
은 현대 중국이 천자가 아닌 인민의 나라임을 천명하고 있는 것이다.

　중국 황제의 존재를 느낄 수 있는 자금성과 천단天壇톈탄 그리고 이화원의
천장은 모두 동일한 구도다. 천단에 있는 기년전祈年殿치녠뎬의 천장을 예로
들어보자. 사계절을 의미하는 4개의 기둥, 그 큰 기둥 사이의 작은 기둥을

합해 12개의 기둥은 12달을 상징한다. 그래서 이 기둥들은 시간을 표상하고, 동그란 천장은 하늘, 4개 기둥을 둘러싸고 있는 네모난 들보는 땅을 상징하니, 하늘과 땅이다. 중국에서 우주는 시간과 공간을 합한 개념이다. 기년전의 천장은 그래서 우주의 모습을 구현해 놓았다. 이 둥근 천장의 중앙에 황제를 상징하는 '황금빛 용'이 아로새겨져 있다. 우주의 중심에 용이 있는 것이다. 만인대례당 천장에는 붉은 별이 용을 대신하고 있다. 우주자연의 주기적 순환을 표상하고 비를 내리게 해주는 존재인 용 대신에 중국공산당을 표상하는 붉은 별이 그 자리를 차지하고 있다.

인민대회당에서 가장 큰 그림

2층의 영빈청迎賓廳잉빈팅 입구에 엄청나게 큰 그림 하나가 걸려 있다. 1959년에 푸바오스傅抱石와 관산웨關山月라는 당대의 두 거장이 중화인민공화국 건국 10주년을 기념하기 위해 합작하여 그린 〈강산이 이처럼 아름다워라江山如此多嬌〉란 그림이다. 5.5m의 높이에 폭이 9m로, 인민대회당에서 가장 큰 그림이다. 그림의 제목 '江山如此多嬌'는 마오쩌둥이 직접 쓴 것이다. 마오쩌둥이 유일하게 그림에다 쓴 글씨다. 이 그림 앞에서 함부로 사진을 찍을 수 없다. 인민폐 20원을 내어야 한다. 중국의 정치지도자들이 외국의 원수들과 함께 기념사진을 찍는 뜻 깊은 장소이기에 사진을 찍으려면 돈을 내야 한다는 직원의 설명이다. 돈을 내지 않고 멀찍이 떨어져 서서 찍은 사진이라 조금 삐딱하다.

　두 거장이 중화인민공화국 건국 10주년에 즈음하여 '위대한' 중국의 면모를 보여줄 수 있는 대작을 그려 달라는 의뢰를 받았을 때 이들은 영광스러

푸바오스와 관산웨의 합작 〈강산이 이처럼 아름다워라江山如此多嬌〉

우면서도 한편으론 걱정이 많았다. 그림이 잘못되면 중국의 명예와 존엄이 손상될 것만 같았다. 그들이 받았을 스트레스는 대단했을 것이다. 이 그림의 제작에 저우언라이가 깊이 관여했다. 저우언라이는 이 두 원로화가들이 작업에 몰두할 수 있도록 고궁故宮구궁에 작업실을 마련하여 그들을 배려했다. 두 거장은 밑그림이 완성될 때마다 저우언라이를 찾아가 그의 의견을 물었다. 그림에는 그래서 저우언라이의 생각이 많이 반영되었다.

그림을 보자. 그림의 아래 쪽은 중국 남쪽 지역의 푸른 산천을, 위 쪽은 눈발이 휘날리는 북쪽 지역을 그리고 그 사이에는 중국의 남북을 잇는 황하와 장강 그리고 만리장성을 그려 놓았다. 중국 전 지역을 한 폭의 그림에다 모두 표현해 놓은 것이다.

그림의 오른쪽 하늘에 붉은 태양이 떠 있다. 원래는 작게 그려 놓았던 것을 저우언라이의 주문에 의해 다시 크게 그렸다고 한다. 이 붉은 태양은 중국 공산당의 지도자인 마오쩌둥을 상징한다. 저우언라이의 말이다. 다 완성된 그림을 보고 만족해하며 마오쩌둥이 그 특유의 행서체로 그림의 제목을 왼쪽 하늘에다 썼다고 한다.

중국의 지도자들이 외국의 원수들을 영접할 때 이 그림 앞에서 함께 기념 촬영을 하는 이유를 알 수 있을 것 같다. 이 그림은 중국 공산당의 영도 아래 하나 된 중국을 보여주는 그림이기 때문이다. 우리가 34개 방에서 볼 수 있는 그림들은 그 지역의 특색을 최대한 살려 표현한다. 두 거장이 그린 그림에는 이 '지역성' 은 존재하지 않는다. 동쪽에 떠오르는 붉은 태양 아래 중국은 하나가 되는 것이다.

2. 자금성

베이징 사람들이 옛 궁, 즉 고궁故宮구궁이라 부르는 자금성紫禁城쯔진청은 1406년에 짓기 시작하여 1420년에 완성되었다. 자금성 대부분의 설계가 안남安南(지금의 베트남) 출신의 한 환관의 손에 의해 이루어졌다. 이 엄청난 공사는 대운하가 없었다면 불가능했을 것이다. 목재를 멀리는 쓰촨성으로부터 옮겨왔는데, 원목을 베이징으로 운반하는데 4년이 걸렸다고 한다. 본래 있던 원나라 궁궐은 자금성을 건설하기 위해 허물어버렸지만, 금나라 때 만들어진 주변의 호수는 없애지 않고 확장했다. 자금성은 1420년부터 1923년까지 명나라와 청나라의 황제 24명이 살던 곳이다. 청나라의 마지막 황제 푸이溥儀는 1912년에 폐위되었으나 1924년까지 궁에 머물렀다.

2.1. 자색의 금지된 성

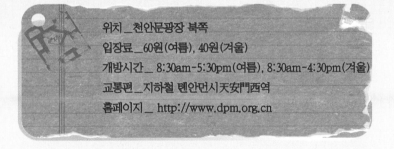

위치 _ 천안문광장 북쪽
입장료 _ 60원(여름), 40원(겨울)
개방시간 _ 8:30am-5:30pm(여름), 8:30am-4:30pm(겨울)
교통편 _ 지하철 톈안먼시天安門西역
홈페이지 _ http://www.dpm.org.cn

천안문광장에서 더 북쪽으로 걸어가자. 이제 과거의 베이징을 둘러볼 차례다. 붉은 담장과 노란 지붕의 자금성! 자색은 용맹함을 상징한다고 한다. 자색은 또한 중국의 우주관에 따르면 우주의 중심인 북극성의 빛깔이

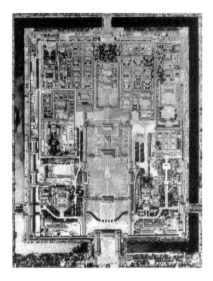

마이크로칩처럼 생긴 자금성

다. 고대 중국인들은 하늘의 별들이 이 북극성을 중심으로 포진되어 있고, 중국의 황제는 이 북극성에 비유된다고 여겼다. 그래서 자금성의 설계자는 이 궁궐을 자오선 및 북극성과 일직선 상에 놓이게 했다. 베이징성의 남쪽 끝 영정문에서 북쪽 종루까지 남북으로 뻗은 중심축은 그래서 지상의 중심이라 여겼다.

자금성의 지붕이 왜 노란색이냐면, 노란색은 음양오행에서 중앙의 색이다. 중앙에서 사방을 다스리는 황제의 색인 것이다. '禁'은 원래 제단이 있는 숲을 뜻하는 글자다. 임금이 사는 신성한 곳이니 범인들이 근접할 수 없다. 옛날에는 자금성을 함부로 침입하는 사람은 사형에 처해졌다. 지금은 단돈 60원만 있으면 누구나 자유롭게 이 금지된 마이크로칩처럼 생긴 자금성을 출입할 수 있다.

명나라의 세 번째 황제인 영락제(재위 1402-1424)는 권좌에 오른 지 4년째 되던 해에 수도를 난징에서 베이징으로 옮기고, 새로운 수도의 중심에 거대한 궁전을 짓기로 결심한다. 그렇게 해서 탄생한 것이 자색의 금지된 성 자금성이다.

그렇다면 영락제가 군이 무리하여 수도를 난징에서 베이징으로 옮긴 이

1

책머리

천안문광장

자금성

중국미술관

민중사고가

왕부정

Tip 정난의 변

명나라 태조 홍무제 주원장의 뒤를 이어 왕위에 오른 사람은 1392년에 사망한 장남의 아들인 건문제였다. 홍무제는 무려 26명이나 되는 많은 아들을 두었다. 그는 이들을 각지의 왕으로 봉해 명나라의 국경을 지키게 했다. 건문제가 왕위에 오를 당시 태조의 둘째와 셋째 아들은 이미 죽고 없었다. 건문제에게 가장 두려운 존재는 할아버지를 너무나도 닮은, 야심에 찬 넷째 삼촌인 연왕이었다. 어린 건문제의 측근들은 황제의 힘을 강화하기 위해 억센 삼촌들의 세력을 꺾거나 제거해야 된다고 생각했다. 결국 연왕의 동복同腹 동생인 주왕을 포함하여 5명의 왕들이 희생되었다. 신변의 위협을 느낀 연왕은 1399년에 간신들을 제거하여 어린 조카를 구해야 된다는 명분 아래 반란을 일으켜 3년 뒤인 1402년에 조카의 왕위를 찬탈하고 황제가 되었다. 그가 바로 영락제다.

유는 무엇일까? 두 가지 이유가 있다. 한 가지 이유는 베이징이 영락제의 본거지였다는 것. 베이징은 영락제가 부친인 홍무제(재위 1368-1398)의 치세 때부터 분봉 받아 통치하던 자신의 정치적 고향이었다. 그래서 **정난靖難의 변變**을 통해 조카인 건문제(재위 1398-1402)의 제위를 찬탈했던 영락제로서는 자신을 곱지 않은 시선으로 보는 관료들로 가득 찬 난징보다 베이징이 훨씬 편했다. 또 다른 이유는 베이징이 몽골의 침입을 저지하는 전략적 위치에 있다는 것이다. 한때 중국을 통치했던 몽골은 여전히 두려운 존재였다. 영락제는 항상 명나라를 위협하는 몽골의 기습에 신속히 대응해야 할 필요성을 절감하여 정치 중심지를 북부 변경으로 옮기기로 결심하고 베이징을 수도로 삼았다고 한다.

자금성은 사면이 성벽과 해자로 둘러싸인 직사각형 모양의

성이다. 흙을 다져 굳힌 벽돌로 만든 이 엄청나게 큰 성은 성벽의 높이가 무려 10m인데다가 바로 옆에는 도랑을 파서 만든 폭 50m의 해자로 둘러싸여, 자금성은 도시로부터 이중으로 격리되어 있는 셈이다. 사방에 하나씩 있는 4개의 성문만이 자금성과 외부를 이어주는 유일한 통로이다.

천안문으로 들어가면 드넓은 광장이 있다. 이 광장을 중심으로 동서로 황제들의 조상을 모신 태묘太廟와 수확의 신과 지신地神에게 제사를 드리던 사직단社稷壇이 자리 잡고 있다. 광장의 중앙에 있는 단문을 지나면 말발굽 모양의 거대한 건축물이 눈에 들어온다. 자금성의 정문인 오문이다. 여기까지 오는 동안 양옆으로 가로수가 늘어서 있다. 최근에 심은 것이다. 옛날에는 나무가 없었다고 한다. 얼마나 황량했을까. 나무를 심지 않았던 이유가 있다. 음양오행에 의하면 나무가 흙을 누른다고 한다. 흙을 대표하는 색은 노란색이다. 자금성의 지붕을 덮고 있는 유약을 발라 구운 노란색 유리 기와에서 알 수 있듯이 노란색은 황제를 상징하는 색이다. 나무를 심지 않은 게 당연하다. 근데 이보다 더 현실적인 이유가 있었다. 자객의 침입을 방지하기 위해서였다.

오문 중앙의 성벽 위에는 10개의 기둥이 떠받치고 있는 웅장한 누각이 있다. 새해가 되면 황제는 그 위에 앉아 새로운 역법을 공표했고, 전쟁터에서 돌아온 군대를 맞이했다. 양 옆에는 마치 날개처럼 사각형의 측면 누각이 각각 2개씩 세워져 있다. 그 4개의 누각 중 2개의 누각 안에는 커다란 북이, 다른 2개의 누각에는 대형 종이 들어 있다. 황제가 조상을 모신 사원으로 갈 때는 북을 울리고, 제단에 제사를 드리러 갈 때는 종을 울렸다고 한다. 오문의 정면에는 아치형으로 된 3개의 통로가 있고, 양옆의 측면 누각

밑에도 각각 1개씩 문이 있어 모두 5개의 출입구가 있다. 중앙의 통로는 황제가 출입하는 문이다. 황제의 결혼식 때 황후가 이 문으로 들어오며, 과거에 급제한 3명의 수상자들이 임관하는 날 다른 문으로 들어왔다가 관직을 받은 후 이 문으로 퇴장했다. 황제에게 반역한 고위관리가 태형을 받는 곳도 바로 이 오문의 동쪽 측면 문 앞이다.

오문을 통해 궁궐로 들어가면 또 다시 드넓은 광장이 펼쳐진다. 이 뜰을 가로질러 금수하金水河진쉐이허가 흐르고, 그 위로 유교에서 말하는 다섯 가지 덕을 상징하는 다섯 개의 다리 내금수교內金水橋네이진쉐이챠오가 놓여 있다. 다리를 건너 뜰 안으로 들면 태화문太和門타이허먼이 3단의 흰 대리석 기

천안문 앞 돌기둥 화표

천안문 앞에 돌기둥 하나가 서 있다. 이게 뭘까. 화표華表화뱌오라고 한다. 용과 구름이 돌기둥을 휘감고 그 꼭대기에는 사자 한 마리가 남쪽을 향해 앉아 있다. 원래는 도끼 모양의 나무 기둥이었다. 백성들이 이 기둥 위에다 탄원서를 붙이거나 왕에 대한 불평을 써넣었다. 일종의 '신문고'인 셈이다. 그러던 것이 돌기둥으로 바뀌어 황제를 상징하는 용으로 장식을 하더니 백성들에게 근접하지 말라는, 출입금지 표지판으로 탈바꿈했다.

단 위에 있는 널찍한 테라스에 우뚝 솟아 있다. 태화문을 중심으로 궁궐의 동서 양끝에는 궁궐의 측면 문인 동화문東華門동화면과 서화문西華門시화면이 있다.

자금성은 '외조내정外朝內庭'의 구도로 이루어 졌다. 남쪽의 자금성 전면은 황제의 정치생활의 무대가 되는 외조, 북쪽의 후면은 황제의 사생활이 이루어 지는 내정이다. 태화문은 외조로 들어가는 문이다. 태화문 옆에 있는 안내 데스크에 꼭 들러 자금성의 그림지도를 받아가길 권한다. 이 그림지도에는 자금성에서 일반인들에게 개방하는 지역과 그렇지 못한 지역 그리고 각종 전시실이 자세하게 명시되어 있다. 이걸 보면서 가면 자금성을 알차게 둘러볼 수 있다.

태화문을 지나면 다시 넓은 뜰이 펼쳐진다. 이 넓은 뜰 중간쯤에서 오른쪽을 보면 체인각體仁閣티런거 너머로 황실의 도서관이던 문연각文淵閣원위안거이 있다. 그런데 흥미로운 것은 온통 노란색 지붕들로 가득 찬 자금성에서 이 건물만 유독 지붕의 색깔이 검은색이란 거다. 그럴만한 이유가 있다. 음양오행에서 검은색은 물과 연결된다. 궁중의 중요한 문서를 보관하는 곳이라 화재로부터 이 목조건물을 보호하고픈 바람이 담겨 있다. 태화문을 지나 가장 먼저 만나는 건물은 태화전太和殿타이허뎬이다. 자금성에서 가장 크고 높은 건물이다.

2.2. 용 이야기

태화전을 들여다 보기 전에 먼저 용에 관한 이야기를 좀 해보자. 독자는 자금성을 거닐면서 도처에서 용의 존재를 몸으로 느꼈을 것이다. 용은 중국의 황제를 상징한다는데 왜 그런지 알고 넘어가야 할 것 같다. 용은 음양오행과 관련이 많다. 음양오행은 우주자연의 주기적 순환을 설명한다. 봄에 새싹이 트고 여름에는 무성하게 자라서 무르익는 가을이 되면 베어서 거둬 들인다. 겨울에는 만물이 그 뿌리와 씨앗을 땅 속에 간직하고 있다가 다시 봄이 되면 소생하는 것이다. 그래서 우주자연은 '삶 → 죽음 → 재생'의 과정을 주기적으로 되풀이한다. 농경사회인 중국에서 자연이 주기적으로 거듭 반복되는 것은 무엇보다도 중요했다.

한나라 때 허신許愼이란 학자가 쓴 『설문해자說文解字』란 책은 용을 "춘분에 하늘에 오르고 추분에 물에 잠긴다"고 정의했다. 고대 중국인들의 용에 대한 인식을 대변해주는 대목이다. 봄이 되면 용이 물에서 떠올라 하늘로 올라가는 것은 겨우내 땅 속에 씨앗을 품고 있던 만물이 그 두터운 흙을 뚫

고 나와 싹을 트는 것을 의인화한 표현이다. 그리고 가을에 용이 물에 잠기는 것은 만물이 형태를 분해하는 것을 의미한다. '잠룡대시潛龍待時'란 말이 있다. 물에 잠긴 용이 때를 기다린다는 뜻이다. 겨우내 깊은 물속에 잠겨 있으면서 만물이 소생하는 봄에 승천할 때를 기다린다는 것이다.

용은 비를 내리게 해주는 존재다. 용이 중국의 황제를 상징하는 것은 황제 또한 비를 내리게 해주는 존재이기 때문이다. 황제를 뜻하는 한자는 본래 과실이 줄기에 달린 곳을 뜻하는 글자이다. 즉 식물의 생장과 관련이 있다는 말이다. 그래서 중국 황제의 가장 막중한 임무는 만물을 생육하고 종족을 번식시키는 일이다. 그러기 위해서 시기적절하고 적당한 양의 비가 내려줘야 한다. 그래서 비를 내리게 해주는 존재인 용은 왕을 상징하는 것이다.

통치자는 백성의 행복한 삶을 위해 자연의 운행과 조화를 이루어야 하는 책임과 능력을 갖추어야 한다. 왕은 자연에 순응함으로써 인간사회에 질서와 조화를 가져다 주어야 한다. 근데 이것을 어떻게 가능하게 하는가? 고대 중국에는 '월령月令'이란 제도가 있었다. 왕을 중심으로 인간이 매년 행해야 할 일을 12달에 할당하여 규정해 놓은 것이다. 월령의 기본 원칙은 '인간은 자연을 본받는다'는 거다. 인간이 자연의 이치에 순응하는 다채로운 스케줄을 만들어 이것을 준수하면 우주와 자연의 운행 추이에 영향을 미칠 수 있다는 생각이 월령을 만들어 냈다.

월령의 예를 하나 들어보자. "음력 1월이 되면 천자는 푸른 옷을 입고 청룡의 말을 타고 푸른 기를 세운다. 보리와 양을 먹는다. 동쪽에 있는 명당인 청양靑陽의 당堂에서 조회를 열고 봄에 반포해야 하는 월령을 발포하며 덕을 펴고 은혜를 시행한다."『회남자』란 책에 나오는 내용이다. 음양오행에서 봄은 동쪽/푸른색과 어울린다. 이것은 불변하는 자연의 이치다. 그래서 중국의 통치자는 봄에는 동쪽에 위치한 명당에 거주하면서 봄과 어울리는 음식인 보리와 양을 먹고, 봄의 색깔인 푸른 옷을 입고 푸른색 말을 타고 푸른색 기를 세운다. 자연의 주기적 패턴과 보조를 맞춤으로써 자연과 인간사회를 조화시키려는 인간의 노력을 보여 주려는 것이다. 자연의 패턴에 순응함으로써 혼란해질지도 모르는 인간세계를 조화롭게 만들 수 있다는 생각이 반영되어 있다.

2.3. 태화전은 우주의 중심인 명당

자, 이제 태화전을 들여다보자. 태화전은 자금성에서 가장 중요하고 상징적인 건물이다. 우리는 좋은 터를 명당자리라고 한다. 근데 명당明堂이란 본래 중국의 황제가 기거하던 곳을 이른다. 먼 옛날에는 황제의 명당이 각계절에 상응하는 네 개의 건물로 이루어 졌다고 한다. 황제는 계절의 변화에 따라 그에 상응하는 명당으로 자리를 옮기고 계절에 맞게 의복과 음식을 비롯한 생활패턴과 정책을 달리했다. 자연의 패턴에 따른 것이다. '명당明堂'에서 '명明'은 신명神明, 즉 신의 존재를 가리킨다. 명당은 그래서 하늘의 아들인 천자가 하늘에 제사를 거행하는 사당이다. 태화전이 바로 이러한 명당이다. 이 명당은 북쪽에 위치하면서 남쪽을 향해 있다. 하늘의 자미원紫薇垣이 자리 잡고 있는 위치와 같다. 하늘의 모든 별들은 북극성을 중심으로 포진되어 있다. 북극성이 있는 자리가 하늘의 중심이다. 하늘의 이러한 공간구도를 모방한 명당은 그래서 세계의 중심이다. 황제는 하늘의 북극성과 같은 존재다. 그래서 황제는 항상 남쪽을 향한다. 자금성의 중요한 건물들 또한 모두 남쪽을 향해 있다. 중국의 통치자는 명당에서 사계절의 순환과 보조를 맞추며, 자연의 패턴을 인간사회의 통치에 연결시킨다. 자연의 순리에 따르는 정치, 좋은 것이다.

우주의 중심을 상징하는 태화전 안에는 7단의 층계를 올라가야 하는 연단이 있고, 그 위에 용상이 놓여 있다. 용상은 남쪽을 향해 있다. 중국의 군주는 그 위에 앉아서 남쪽을 바라보며 중요한 의식을 주관하거나 외국의 사신들을 접견하며 문화의 혜택을 베푸는 군주의 미덕을 중국을 위시한 '천하' 세계로 뻗어나가게 한다. 용상에 앉아 천하세계의 중심에서 남쪽을 바라보며 군림하는 것이다. 옛 중국인들의 생각이다.

태화전 뒤로는 중화전中和殿중허뎬과 보화전保和殿바오허뎬이 이어진다. 중화전은 황제에게 일종의 '대기실' 같은 곳이었다. 중요한 의식을 치르기 바로 전 이곳에서 황제는 잠시 쉬면서 최종 점검을 한다. 중화전 뒤에 있는 보화전은 과거제가 폐지된 1905년까지 중국의 과거시험 가운데 가장 높은 단계인 진사進士 시험이 치러지던 곳이다.

2.4. 교태전에 있는 두 개의 시계

외조外朝의 중앙축에 나란히 서 있는 세 개의 궁전을 뒤로 하고 더 북쪽으로 걸어가면 건청문乾淸門첸칭먼이 나온다. 이 문을 중심으로 황제가 정무를 보는 외조와 황제와 그의 가족들이 기거하는 사적인 공간인 내정이 나눠진다.

내정도 우리가 지나왔던 외조와 마찬가지로 중요한 건물 세 채가 남북으로 뻗은 중심축에 연이어 서 있다. 첫 번째 만나는 건물은 건청궁乾淸宮첸칭궁이다. 1720년대에 옹정제가 서궁西宮으로 자리를 옮겨 가기 전까지 중국의 황제들이 기거했던 곳이다. 그 뒤는 교태전交泰殿쟈오타이뎬으로, 청나라의 옥쇄를 보관하고 있던 25개의 상자가 있다. 근데 왜 25개일까. 그 이유가 있다. 중국인들은 음의 수인 짝수보다 양의 수인 홀수를 좋아한다. 25는 양의 수인 1, 3, 5, 7, 9를 모두 합한 수이다.

교태전 안을 들여다 보면 내부의 구조와 배치가 참으로 심상찮다. 천장을 보자. 현란하게 장식되어 있다. 둥글게 생긴 천장의 중앙에는 황금빛의 용이 아로새겨져 있다. 바닥을 보면 네모난 단 위에 용상이 자리한다. 위는 둥글고 아래는 네모나다. '천원지방天圓地方'이란 말이 있다. '하늘은 둥글고 땅은 네모지다'란 뜻이다. 고대 중국인들의 공간인식이다. 교태전의 구조가 이것을 그대로 반영하고 있다. 통치자를 가리키는 한자 가운데 '王' 자가 있다. 가로 놓인 3개의 막대를 하나의 막대가 세로로 관통하고 있는 꼴을 하고 있다. 가로 놓여 있는 3개의 막대는 위로부터 하늘과 인간 사회 그리고 땅을 상징한다. 왕은 하늘과 땅 사이에서 백성들의 평온한 삶을 위해 하늘과 땅 그리고 인간세계를 연결시켜 주는 중계자이다. 왕은 천지신명, 즉 하늘과 땅의 신들과 커뮤니케이션하는 존재다. 둥근 천장과 네모난 바닥 그리고 그 사이에 있는 용상. 교태전 안의 이러한 공간배치가 '王'으로서의 중국 통치자의 역할을 강조하고 있다.

교태전에는 우리의 눈길을 끄는 것이 또 있다. 용상에서 좌우로 둘러 보면 양쪽 모퉁이에 두 개의 커다란 시계가 놓여 있는 것을 발견할 수 있을

것이다. 오른쪽으로 보이는 것은 중국의 전통적인 물시계다. 1745년, 시계에 광적인 관심을 보였던 건륭제 때 만든 거다. 불과 백 여 년 전까지만 해도 중국의 황제들은 이렇게 생긴 물시계로 시간을 계산하고 북과 종으로 시간을 알렸다. 왼쪽에 서 있는 것은 유럽에서 들여온, 기계로 조작되는 자명종이다. 북과 종의 도움을 빌지 않고도 시간이 되면 스스로 알아서 시간을 알려 주는 시계다. 이 자명종 또한 건륭제가 왕위에서 물러나 있던 1797년에 만들었다. 중국과 서양의 시계가 나란히 용상의 양옆에 서서 교태전을 장식하고 있다. 건륭제가 왜 이 두 시계를 이 건물 안에 두었는지 궁금하다. 그것은 두 시계가 지니고 있는 상징적인 의미 때문인 것 같다.

　서구의 코스모스cosmos에 해당하는 한자는 우주宇宙다. 중국인들의 의식 속에 우주에는 공간 뿐만 아니라 시간 개념 또한 포함되어 있다. 코스모스는 질서와 조화가 존재하는 세계다. 중국인들의 우주 또한 서구인들과 다르지 않다. 우주를 질서있고 조화롭게 돌아가도록 만드는 책임은 통치자에게 있다.

고대 중국의 황제들은 시간을 장악했다. 그들은 하늘의 무늬인 천문天文을 관찰하여 하늘의 시간 리듬과 조화를 이루는 인간세계의 시간을 찾아내려고 노력했다. 그래서 만들어 낸 땅 위 인간세계의 시간이 바로 24절기다. 이것은 해의 움직임을 관찰하여 만든 것이다.

절기마다 백성들이 해야 할 일들을 정해 놓았다. 예를 들어보자. 곡우穀雨는 음력 3월, 양력으로는 4월20일쯤이다. 봄비가 촉촉이 내려 대지를 윤택하게 하는 시기다. 이 날 농부는 못자리를 마련하고 한 해 농사지을 준비를 시작한다. 동지는 음력 11월, 양력으로 12월22일쯤이다. 이 날에는 붉은 팥죽을 먹는다. 1년 중 음의 기운이 가장 왕성한 날에 역귀와 같은 것을 쫓기 위해서다. 시간을 잘 만들어 놓으면 백성들이 그 타임 스케줄에 맞춰 움직인다. 인위적으로 강요하는 '유위有爲'의 정치가 필요하지 않다. 이것이 바로 백성들의 삶을 간섭하지 않고 다스리는 '무위無爲'의 정치다.

자, 다시 교태전을 들여다보자. 정면으로 바라보이는 편액에 쓴 '無爲'란 글자가 눈에 들어올 것이다. 강희제가 쓴 글씨라고 한다. 양옆에 둔 시계와 무위란 글자! 이 둘은 서로 절묘하게 연결된다. 시간을 장악하여 백성들의 삶을 일일이 간섭하지 않는 무위의 정치를 하고 있음을 '과시' 하고 있다. 아주 교묘한 배치다. 감탄이 절로 난다.

無爲! 중국인들에게 무위의 정치는 가장 이상적인 치세의 방법이다. 그런데 이 글자를 보면 씁쓸한 느낌이 든다. 중국의 황제들 가운데 이 '무위의 정치'를 표방했던 군주가 생각나서이다. 바로 명나라 말기의 만력제(재위 1573-1620)다. 1586년에 황태자의 책봉 문제로 내각과 대립, 신하들이 황태자 책봉의 부당함을 규탄하고 심지어 그를 게으르고 사치와 방탕을 일삼는 군주라고 비판하자 현실 정치에 염증을 느낀 만력제는 도가에서 말하는 무위의 정치를 지향한다며 이후 25년 동안 국정을 돌보지 않았다. 백성들의 삶이 엉망이 되었을 것은 불을 보듯 뻔하다.

우리나라 여행사들이 베이징 관광에서 반드시 거쳐 가는 코스가 있다. 베이징 서북쪽에 위치한 명13릉이다. 수도를 베이징으로 옮긴 영락제 이래 명나라 13황제들의 무덤이 있는 곳이다. 중국 정부는 이 가운데 딱 한 사람의 무덤만을 발굴하여 일반인들에게 공개한다. 만력제의 무덤인 정릉定陵딩링이다. 황제의 무덤이라서 그런지 규모가 참으로 엄청나다. 계단을 끝도 없이 내려간다. 무덤 속이 온통 옥으로 장식되어 있다. 문과 벽도 모두 옥으로 만들었다. 이 지하무덤은 깊이가 27m라고 한다. 이 견고한 무덤을 만들기 위해 얼마나 많은 백성들이 고생을 했을까. 만력제는 자신의 무덤을 만드는 데 한 해 정부 세입의 반에 해당하는 돈을 쏟아 부었다. 25년간 국사를 등한시하여 백성을 도탄에 빠뜨린 '무위'의 황제 만력제. 근데 아이러니하게도 그가 중국을 '무위'로 다스리는 동안 중국은 유럽의 르네상스와 맞먹는 문화의 황금기를 누렸다.

교태전 바로 뒤는 곤녕궁坤寧宮쿤닝궁이 있다. 황제가 혼례를 치르던 곳이다. 청나라의 마지막 황제 푸이가 이곳에서 신혼 첫 날밤을 보냈다고 한다.

중국인들의 숫자인식

중국인들은 짝수보다 홀수를 좋아한다. 양의 수인 홀수가 음의 수인 짝수보다 더 길하다는 생각에서다. 3은 좋은 수다. 중국인들은 3으로 뭔가를 만들어내는 것을 좋아한다. 짝수인 4는 중국인들이 가장 싫어하는 수다. 죽을 死와 발음이 같기 때문이다. 그래서 우리네와 마찬가지로 중국에는 4층 대신에 F층으로 표시된 건물이 많다. 4는 또한 복종을 의미하는 수이다. 그래서 황제가 천단에서 제사를 지낼 때 북쪽을 향해 서서 네 번 절한다. 항상 남쪽을 향해 있는 중국의 황제가 북쪽을 향해서서 고개를 숙이는 것은 이 때뿐이다. 5는 중국인들이 좋아하는 수다. 오행과 오색 등 5로 만든 게 많다. 짝수지만 중국인들은 6을 좋아한다. 6666처럼 그들이 좋아하는 숫자가 겹친 차 번호판을 차 값보다 더 비싸게 산 사람을 한 중국의 TV방송국에서 인터뷰하는 장면을 본 적이 있다. 7은 홀수인데도 중국인들이 싫어하는 수다. 7은 중국어로 '치'로 읽는데, 화를 낸다는 뜻을 가진 '氣'와 발음이 같아서 싫어한다. 그래서 중국인들은 택시를 탈 때도 그들이 싫어하는 수인 4와 7이 들어있는 번호판이 달린 차는 타지 않는다. 8은 돈을 많이 벌다는 뜻을 지닌 '파차이發財'의 파發와 발음이 비슷하여 좋아한다. 그래서 중국은 2008년 베이징 올림픽의 개막식을 2008년 8월8일로 잡았다. 9는 가장 큰 양의 수다. 당연히 좋아하는 수다. 베이징의 중요 건축물의 설계는 이러한 중국인들의 숫자에 대한 전통적인 인식에 바탕을 뒀다. 태화전과 천단에 있는 기년전 등과 같은 건물들은 모두 3단으로 된 테라스 위에 세워졌고, 자금성의 문의 수는 3개나 5개이며, 다리는 5개, 행정조직은 6개 부서로 나눴고, 자금성의 큰 대문들의 두꺼운 문짝들에 불쑥 튀어나온 황금빛 돌기들의 수를 헤아려보라. 9×9. 정확히 81개다.

2.5. 어화원의 연리지

내정을 지나면 자금성에서 가장 큰 정원인 어화원御花園위화위안이 나온다. 중국인들은 정원을 원림園林이라 부른다. 사합원이 중국인들의 유교적 마인드를 공간적으로 푼 것이라면 원림은 그들의 도교적 생각이 반영된 공간이다.

유교의 핵심은 조화와 질서다. 사람과 사람 사이의 조화로운 어울림과 그들 상호간의 위계질서가 유교에서 지향하는 목표다. 도교에서도 조화를 외친다. 하지만 유교와는 다른 차원의 조화다. 도교는 인간과 자연의 조화를 추구한다. 인간이 어떻게 하면 자연과 조화를 이룰 수 있을까. 이것이 도교의 관심사다. 도교의 또 다른 키워드는 자유다. 그래서 우리가 이제까지 보았던 네모반듯한 대칭적 공간과는 달리 이 어화원은 뭔가 '비딱' 하다. 비대칭적인 공간이다. 원림에 들면 숨통이 트인다. 자유롭기 때문이다.

중국인들에게 원림은 이상적인 공간이다. 그들은 원림에다 유토피아의 세계를 구현해놓는다. 왜 이상적인 공간인가. 중국인들은 음양이 조화를 이루

책머리

천안문광장

지금성

중국미술관

란우사고기

이화원

는 곳, 자연과 조화를 이루는 곳을 유토피아로 여겼다. 산은 양을, 물은 음을 표상한다. 중국인들의 원림에는 산과 물이 항상 존재한다. 작은 공간에 산을 옮겨놓을 수 없으니, 돌을 층층이 쌓은, 석가산石假山스쟈산이란 인공 산을 만들거나 태호太湖타이후라는 호수 밑바닥에서 나는 구멍이 숭숭 뚫린 태호석太湖石타이후스이란 정원석이나 정자가 산을 대신했다. 그리고 원림에는 작은 물이 원림을 에둘러 흐른다. 산과 물이 조화를 이루는 공간이다.

어화원을 들어서면서 가장 먼저 마주치는 건 몇 백 년은 됨직해 보이는 큰 고목이다. 측백나무다. 근데 모양이 뭔가 좀 이상하다. 가까이 다가가서 찬찬히 살펴보라. 분명 두 그루의 나무인데 줄기가 서로 붙어 있다. 이런 나무를 연리목連理木 또는 연리지連理枝라고 한다. 뿌리가 서로 다른 나

무의 줄기가 붙어 있기에 멀리 떨어져 있지만 하나가 되고픈 연인들의 숭고한 사랑을 뜻하기도 한다.

하지만 중국의 황제들이 자신들의 원림에 이 연리지를 갖다 놓은 데는 다른 이유가 있다. 뿌리가 다른 두 그루 나무의 줄기가 서로 맞닿아 결이 통하게 되는 것은 매우 드문 현상이었기에 옛날 중국인들은 이것을 좋은 징조로 여겼다. 징조는 지상의 통치자에 대한 하늘의 의지를 나타낸다. 하늘의 신을 대신하여 지상을 다스리는 하늘의 아들인 중국의 황제는 하늘이 자신의 통치를 어떻게 생각하는지 무척 궁금했다. 하늘 아들의 지상 통치가 시원찮다고 생각되면 하늘은 '하늘의 아들'을 바꿔친다. 천명天命이 다른 이에게로 옮겨가는 것이다. 그래서 중국의 황제들은 자신에 대한 하늘의 의사를 살필 수 있는 징조의 수집에 지대한 관심을 보였다. 이 나무를 통해 하늘의 신이

지상의 통치자에게 전하고자 하는 메시지는 무엇이었을까? 옛 책에 뿌리가 서로 다른 나무의 줄기가 서로 붙어 있는 징조를 해독해 놓은 대목이 있다. '서로 얽혀 있는 나무 연리지는 왕의 덕이 윤택하고, 팔방이 하나의 가족으로 합쳐졌을 때 나타난다.' 하늘의 아들에 대한 하늘의 생각이 긍정적이다.

어화원에는 퇴수산堆秀山뒈이슈산이란 바위를 쌓아 만든 아담한 인공 언덕이 있다. 음력 9월9일 중양절에 황제의 가족은 이 퇴수산 정상 위에 있는 정자에 모이곤 했다고 한다. 주윤발과 공리가 주연하고 장이머우가 감독한 영화 〈황후화〉에서도 비슷한 광경이 연출된다. 영화 속 황제는 음력 9월9일, 중국인들의 명절인 중양절에 황후 및 3명의 왕자들과 함께 자신의 궁궐 안에 만들어 놓은 높은 단 위에 오른다. 영화 속에서 주윤발이 분扮한 인물은 당나라 말에 부패한 정치에 불만을 품고 반란을 일으켜 중국을 뒤흔들었던 황소黃巢다. 그는 880년에 창안을 함락하고 황제에 즉위하여 국호를 '대제大齊'라 했다. 황소는 국화를 무척 좋아했다. 〈황후화〉의 중국어 제목 '만성진대황금갑滿城盡帶黃金甲만청진다이황진쟈'은 창안을 온통 노랗게 물들인 국화를 노래한 황소의 시에서 따 온 것이다.

> 待到秋來九月八 가을날 9월9일이 되기를 기다렸다가
> 我花開後百花殺 내가 꽃 피우면 모든 꽃들이 시들리라.
> 沖天香陣透長安 하늘 찌르는 향기 창안으로 스며들면
> 滿城盡帶黃金甲 성 안이 온통 황금 갑옷을 두르리라.

황소가 과거에 낙방하고 울적한 마음을 달래기 위해 쓴 시이다. 국화를 의

인화하여 1인칭으로 서술했다. 첫 행 마지막 글자가 팔八인 것은 운을 맞추기 위해 그리했다. 시는 7언 절구다. 한 행에 일곱 자씩 네 줄이니 모두 합해 28자이다. 원래 중국 시의 기본 틀은 8줄로 이루어진 율시다. 이것 가운데를 뚝 잘라 만든 것이 절구絕句다. 글자의 수가 반으로 줄어든 만큼 시인이 생각한 것을 글로 표현하는 것 또한 그만큼 어렵다. 근데 황소는 이 짧은 절구로 자신이 하고 싶은 이야기를 맘껏 토해냈다. 5세 때부터 시를 짓기 시작했다고 하니 황소는 천재적 소질을 타고 났나 보다.

'9' 란 숫자는 양의 수 가운데 가장 큰 수다. 그래서 9가 겹치는 날인 중양절은 숫자상으로 일 년 중 양의 기운이 가장 강한 날이다. 이 날 중국인들은 온 가족이 높은 산에 올라 양의 기운을 온 몸으로 느낀다. 인간이 하늘과 가장 가까워 질 수 있는 높은 산에 올라 양을 상징하는 하늘을 느끼는 것이다.

중국인들은 이 날 산수유를 머리에 꽂고 국화주를 마시면 장수를 누린다고 생각했다. 이 날 왜 국화주를 빚어 마실까. 중국인들은 말장난을 좋아한다. 장수를 뜻하는 久와 9월9일의 九, 그리고 술을 뜻하는 酒가 중국어로 모두 '쥬' 이다. 발음이 똑같다. 그래서 9월9일에 국화로 술을 빚어 마시면 장수를 누린다는 거다.

중국인들은 국화를 매우 좋아한다. 국화가 추운 겨울을 두려워 않고 다른 꽃들이 모두 다 진 뒤에 홀로 꽃을 피우는 고결함을 지니고 있기 때문이다. 이런 생각에 황소 또한 '내가 꽃 피우면 모든 꽃들이 시들리라' 라고 노래한 것이다. 중국인들이 매화를 좋아하는 것 또한 같은 이유에서다. 매화는 꽃들 가운데 가장 먼저 꽃을 피운다. 추운 겨울 눈 덮인 가지 위에 꽃을 피우니 얼마나 고결한가. 국화는 장수 이외에도 정화의 성질을 갖고 있다고 한다. 국화는 벽사의 기능을 가지고 있다. 나쁜 것이 근접하지 못하게 한다.

2.6. 자금성에서 고궁박물원으로

어화원을 빠져나오면 북쪽으로 자금성의 출구가 있다. 자금성의 북쪽 정문인 신무문神武門선우먼이다. 이 문에 '故宮博物院'이라 크게 쓴 글씨가 걸려 있다. 우리가 둘러본 자금성의 현재 공식 명칭은 자금성이 아니라 고궁박물원故宮博物院구궁보우위안이다. 고궁박물원은 우리에게 푸이로 잘 알려진 청나라의 마지막 황제 선통제(재위 1908-1912)가 자금성을 떠난 이듬해인 1925년 10월10일에 자금성 안에 있는 문화재를 보호하기 위해 건립되었다.

자금성은 하나의 거대한 박물관이다. 이 궁 안에는 값으로 따질 수 없는 예술품들로 넘쳐난다. 중국의 역대 황제들은 예술품 수집에 열을 올렸다. 청나라의 건륭제가 특히 심했다. 예술을 사랑하고 아름다운 물건에 대한 취미가 각별했던 그는 실로 엄청난 양의 진귀한 예술품들을 수집했다. 그런데 청나라의 국력이 약해지면서 자금성의 예술품은 차츰 줄어들기 시작했다. 1860년 영불연합군에 의해 여러 황궁들에 소장되어 있던 예술품들이 약탈되었고, 외세 열강들의 약탈은 1900년 의화단의 난을 진압하기 위해 베이징에 들어온 8개국 연합군에 의해 다시 자행되었다.

영국 런던에 있는 세계적으로 유명한 박물관인 대영박물관British Museum에는 건륭제가 애지중지했던 고개지顧愷之(대략 344-406)가 그린 〈여사잠도女史箴圖〉란 두루마리 그림이 소장되어 있다. 중국이 자랑하는 이 불후의 명작을

대영박물관에 소장되어 있는
〈여사잠도〉의 마지막 부분

1900년 의화단의 난을 진압하기 위해 베이징에 들어왔던 한 영국 장교가 우연히 손에 넣어 1903년 영국으로 돌아가 대영박물관에 단돈 25파운드에 팔아 넘겼다.

1911년에 청나라가 붕괴된 뒤 자금성이 소장하고 있던 수많은 문화재들이 궁궐을 빠져 나갔다. 손버릇 나쁜 환관들이 골동품들을 황궁에서 빼내갔다. 1920년대 쳰먼에 있던 대부분의 골동품 가게들은 이렇게 해서 생겨났다. 푸이가 자금성에 있는 동안 많은 예술품들이 궁 밖으로 유출됐다. 푸이는 궁궐 살림을 꾸려갈 경비를 마련하기 위해 소장품 일부를 궁 밖으로 팔거나 친한 이들에게 선사했고, 망국의 대신들은 푸이에게서 많은 예술품을 빌려가서는 돌려주지 않았다. 예술품에 가장 치명적인 것은 화재다. 돌을 경시했던 중국인들은 대부분의 건축물을 목조로 지었다. 한 번 불이 나면 대책이 없다. 1923년에 환관들이 자금성에 불을 질렀다. 한 달간 계속된 화재로 자금성에 소장되어 있었던 대부분의 귀중품들이 불길에 사라졌다.

그리고 남은 예술품들은 일본군이 베이징을 침략했을 때 보호를 목적으로 베이징을 빠져 나갔다. 고궁박물원 소장품들의 긴 여정은 1933년에 시작되었다. 2만개의 상자에 나누어 포장된 귀중품들은 베이징에서 난징을 거쳐 중칭으로 옮겨와 쓰촨성과 궤이저우성에 있는 여러 사찰에 분산되어 보관됐다. 전쟁이 끝난 뒤 다시 중칭에 모인 예술품들은 난징으로 옮겨갔는데, 뒤이은 내전 때 국민당 정부가 그 가운데 20%에 달하는 4천 상자의 황실 보물을 타이완으로 가져갔다. 오랜 세월동안 타이완 중부의 타이중臺中에 있는 한 지하창고에 보관되었다가 1965년에 신축한 박물관으로 옮겼다. 현재 타이베이에 있는 세계적으로 유명한 고궁박물원은 이러한 과정에서 생겨났다. 국민당이 타이완으로 가져가지 못한 나머지 80%의 만6천 상자의 보물들은 난징과 상하이를 거쳐 다시 베이징으로 돌아왔다.

문화대혁명 시기 고궁박물원은 또 한 차례 위기를 맞는다. 1966년에 홍위병들이 이른바 '사구四舊'─낡은 사상·문화·풍속·습관─의 아성인 고궁박물원을 무너뜨리기 위해 궁으로 돌진하려 하자 저우언라이가 잽싸게 고궁박물원의 문을 닫아 버렸다. 저우언라이가 손을 쓴 덕분에 고궁박물원의 보물들은 무사할 수 있었다. 이후 고궁박물원은 1972년에 있을 미국 닉슨 대통령의 역사적 베이징 방문에 앞서 1971년에 다시 문을 열 때까지 5년 동안 문을 굳게 봉쇄했다.

고궁박물원의 당면과제는 그들이 소장하고 있는 엄청난 양의 예술품을 일반인들에게 공개할 전시공간을 확충해 나가는 일이다. 베이징올림픽으로 고궁박물원은 그들의 전시공간을 지속적으로 넓혀가고 있으며, 지금도 고궁박물원은 구석구석 다채로운 전시공간으로 가득 차 있다. 하루에 다 볼 수 없다. 며칠을 투자할 각오를 해야 고궁박물원을 제대로 볼 수 있을 것이다. 현재는 고궁박물원의 50%만을 일반에 공개하고 있다. 장기간에 걸친 대대적인 보수를 거쳐 2020년에는 70%를 공개할 것이다. 고궁박물원이 소장하고 있는 엄청난 예술품들은 지하에 보관되어 있다. 지금 전시하고 있는 문화재들은 그 가운데 극히 일부분이다. 고궁박물원의 지하에 보관되어 있는 보물들이 언젠가는 빛을 볼 날이 올 것이다. 그때가 기대된다.

자, 이제 우리가 돌아본 자금성을 고궁박물원 버전으로 들여다 보자. 색다른 맛이 날 것이다.

2.7. 무영전에서 본 공현의 산수화

오문을 지나 고궁박물원에 들자마자 내금수교를 건너지 않고 왼쪽으로 방향을 돌려 회화문熙和門시허먼을 거쳐 조금 걸어가면 무영전武英殿우잉뎬이 있다. 고궁박물원이 소장하고 있는 그림을 전시해 놓은 곳이다. 중국의 명화들이 수두룩하다. 거장들의 작품을 직접 눈으로 보는 것, 감동 그 자체

다. 이 전시실에서 우리의 눈길을 사로잡은 그림이 있다. 청나라 초기 문인화가였던 공현(1618-1689)이 그린 〈석옹을 위해 그린 산수도爲錫翁作山水圖〉란 산수화다. 크기로 단연 무영전의 다른 그림들을 압도한다. 3폭의 비단 병풍에 그린 가로 241.8㎝에 세로 278.6㎝인 큰 그림이다. 그림이 워낙 크기에 이 책의 협소한 공간으로는 그 느낌을 전달하기에는 역부족이다. 그래서 공현의 그림을 이 책에서는 싣지 않았다. 독자가 무영전에 가서 이 그림을 직접 보고 그 깊은 감동을 느껴보기를 바란다.

중국 미술의 꽃은 산수화다. 우리는 박물관이나 미술관에서 산수화를 자주 접하게 된다. 과연 산수화는 어떻게 감상해야 할까. 산수화에 쉽게 다가가는 방법은 없을까. 산수화의 구도를 알면 그림을 쉽고 깊게 감상할 수 있다. 북송 때 유명한 화원화가였던 곽희郭熙(대략 1010-1090)는 산을 바라보는 방법을 세 가지로 나누어 설명하고 있다. 이른바 '삼원법三遠法'이다. 산을 멀리서 바라보는 세 가지 방법이다. 그 첫 번째가 고원高遠이다. 산 아래에서 멀리 산꼭대기를 우러러보는 시각에서 그린 그림이다. 산수화가 처음 등장하기 시작한 북송 시대에 이 구도의 산수화가 유행했다. 이 고원 구도로 그린 대표적인 작품은 곽희가 1072년에 그린 〈조춘도早春圖〉다. 이 그림은 장제스의 국민당 정부가 타이완으로 가면서 챙겨간, 중국이 자랑하는 세계적인 명작이다. 지금은 타이베이 고궁박물원에 전시되어 있다.

그림을 감상해보자. 그림의 중앙을 차지하고 있는 큰 산이 보는 이의 시선을 압도한다. 이 큰 산은 통치자에 비유된다. 통치자의 자애롭고 탁월한 경영으로 번영을 구가하는 안정되고 질서 잡힌 사회, 이 그림에서 큰 산이 의미하는 것이다. 그래서 대체로 고원 구도 산수화에 묘사된 산은 참된 군

곽희郭熙 〈조춘도早春圖〉 11세기

주의 통치로 안정된 사회를 표상한다.

　도교적 관점에서 보면 산은 신선들이 사는 세계다. 중국인들은 신선들이 사는 곳, 그들이 사는 곳이기에 그곳에 가면 신선들로부터 불사약이나 사람이 죽지 않는 방법을 찾을 수 있다. 중국인들은 이러한 곳을 유토피아로 여겼다. 그래서 산은 유토피아의 세계다.

중국 산수화에서 산은 물 없이는 존재하지 않는다. 이 둘은 항상 공존한다. 그림을 보라. 큰 바위 사이로 물이 흐른다. 높은 산은 양을 표상하고 그 아래 낮게 흐르는 물은 음을 상징한다. 산과 물, 음과 양의 결합으로 조화를 이루는 자연은 중국인들에게는 이상적인 세계이다.

〈조춘도〉가 왜 고원 구도의 산수화일까. 그림 속에 그 해답이 있다. 그림의 오른쪽 아래를 자세히 살펴보라. 강가에 배를 대고 있는 어부의 모습을 발견할 수 있을 것이다. 그의 눈이 어디를 향하고 있는가. 위를 향하고 있다. 그는 그림 중앙의 큰 산을 그 산 아래에서 우러러보고 있다. 산을 바라보는 이가 그 산 속에 있다. 내가 속해 있는 이 세계가 너무나 자랑스럽고 좋은 것이다.

두 번째 구도는 평원平遠이다. 같은 눈높이로 멀리 있는 산을 바라보는 구도다. 이 구도의 산수화는 이민족 몽골이 중국을 통치하던 원나라 때 한족 문인들 사이에서 유행했다. 원나라 때 한족 문인이던 오진吳鎭(1280-1354)이 그린 〈동정어은도洞庭漁隱圖〉를 예로 들어보자. 이 걸작 또한 타이베이 고궁박물원에 소장되어 있다. 좋은 그림은 국민당 정부가 모두 가져간 셈이다.

평원 구도의 산수화는 삼단 구도로 이루어진다. 그림의 아래에 작은 언덕이 있고 멀리 큰 산이 바라보이며 이 둘 사이에 큰 강이 가로놓여 있다. 강 건너 멀리 바라보이는 큰 산은 우리가 위에서 본 곽희의 그림 속에 있던 바로 그 큰 산이다. 어진 군주의 탁월한 경영으로 안정을 구가하는 국가를

오진吳鎭 〈동정어은도洞庭漁隱圖〉 원

마린馬麟 〈좌간운기도座看雲起圖〉 남송

표상하는 큰 산이 이 그림에서는 바라보는 이에서 멀리 떨어져 있다. 곽희의 그림에서는 바라보는 이가 그 큰 산 속에 있었다. 이 그림에서는 바라보는 이가 속한 곳은 그림 아래 작은 언덕이다. 큰 산을 바라볼 수는 있어도 큰 강이 가로놓여 있어 다가갈 수 없다. 멀리 보이는 큰 산은 과거의 산이다. 현재의 세계를 의미하는 그림 아래쪽 작은 강 언덕에서 바라보는 먼 산은 현재에는 부재한 과거의 산이다. 이 그림을 그린 오진은 한족 출신의 문인으로 이민족 몽골에 의해 중국 강토를 빼앗긴 심정을 이 그림을 통해 표현했다.

평원 구도 그림 하나를 더 보자. 화첩에 포함된 이 작은 그림은 남송 때 유명한 화원화가였던 마린馬麟이 그린 〈좌간운기도坐看雲起圖〉다. '앉아서 구름이 이는 때를 바라본다.' 는 뜻이다. 앞서 살펴봤던 고원 산수화는 산과 물, 음양의 결합을 통해 질서와 조화가 존재하는 이상적인 세계를 표현했다. 고원산수화에 표현된 인물은 이 조화로운 세계의 일부를 이룬다. 〈좌간운기도〉에서 볼 수 있듯이 남송 시대의 산수화에는 명상에 잠긴 문인의 모습이 많이 등장한다. 이 시기 산수화의 키워드는 '정관靜觀' 이다. 조용히 사색에 잠겨 무언가를 멀리 바라보는 것이다. 그림을 보라. 한 문인이 강가에 앉아서 구름에 가려 있는 산을 바라보고 있다. 오진의 그림과 마찬가지로 바라보는 이와 산 사이에는 흐르는 강물이 가로 놓여 있어 그들을 서로 떨어뜨려 놓았다. 이 문인이 사색에 잠겨 바라보고 있는 산은 위의 두 그림 속에 있던 그 큰 산이다. 조화와 질서가 존재하는 세계, 강력한 통치자의 탁월한 경영으로 백성들이 안녕을 구가하는 사회다. 큰 산을 멀리서 바라보고 있는 문인이 속해 있는 남송은 국력이 미약했다. 그가 바라보

심주沈周 〈호구도虎丘圖〉 명

는 큰 산은 현재에는 부재한 과거의 그리운 산이다.

곽희가 말하는 마지막 구도는 심원深遠이다. 산 아래에서 산 너머를 바라
보는 것이다. 위의 그림을 보라. 명나라 중기 때 쑤저우蘇州의 문인이었던
심주沈周(1427-1509)가 그린 화첩 그림의 일부인 〈호구도〉이다. 곽희가 말한
삼원법 어디에도 속해 있지 않은, 높은 곳에서 아래를 내려다보는 구도로,
유럽의 조감도와 유사하다. 이 구도의 그림은 명나라 때 강남 지역 문인들
사이에서 유행했다. 높은 곳에서 아래를 내려다보는 시선으로 그린 산수
화에서는 바라보는 대상이 달라진다. 곽희가 분류한 앞의 세 구도에서 표
현되었던 산은 이상화된 세계였다. 높은 곳에서 아래를 내려다보는 구도
의 산수화는 현실에 실재하는 산의 모습을 보여준다. 심주는 이러한 구도
로 그린 실경도實景圖를 많이 남겼다. 그림의 소재는 대부분 자신이 속한
쑤저우의 경관이다. 그가 왜 이런 그림을 많이 그렸던 것일까. 그 이유를
캐보면 명나라를 세운 주원장朱元璋으로 연결된다. 주원장은 강남 지역, 특
히 쑤저우의 문인사회를 박해했다고 한다. 쑤저우가 자신의 최대 라이벌

1
책 머리
천 인 문 광장
지 금 성
주 구 이 순 간
랴 오 서 교 지
완 푸 전

이던 장사성張士誠의 본거지였다는 이유에서였다. 주원장은 쑤저우 문인들이 장사성 정부를 위해 봉사했다고 생각했던 것이다. 주원장의 박해는 쑤저우 문인들이 자신들이 속한 사회에 대한 애착심과 집단 정체성을 형성하게 만들었다. 심주가 쑤저우를 소재로 그린 심원 구도의 실경도는 쑤저우 문인사회의 집단 정체성의 예술적 발로라고 할 수 있다.

그림의 구도가 다름에 따라 그림에서 표현하고자 하는 메시지가 달라진다. 이제 공현의 그림으로 돌아가 보자. 무영전에 전시된 〈석옹을 위해 그린 산수도〉 대신 그가 그린 다른 그림을 통해 그의 예술 세계를 감상하자. 〈천암만학도千巖萬壑圖〉는 그의 예술세계를 잘 대변해 주는 공현의 대표작 가운데 하나이다. 이 그림을 보라. 이 산수화는 어떤 구도의 그림인가. 예

공현 〈천암만학도千巖萬壑圖〉 청

민한 독자는 이미 알아챘을 것이다. 고원 구도의 산수화이다 근데 그림이 지나치게 어둡다. 공현 산수화의 특징이다. 공현은 청나라 초기의 한족 문인이었다. 독자도 알다시피 청나라는 만주족이 세운 나라다. 한족 문인의 입장에서 공현은 자신들의 강토를 강탈한 이민족 정부에 대한 저항의식을 작품으로 표현했다. 안정된 국가를 표상하는 큰 산이 어둡게 그려졌다. 이민족이 중국을 강탈한 데 대한 항거를 그로테스크하게 표현한 것이다.

2.8. 건륭의 시계박물관

무영전을 나와 박물관 여행을 계속한다. 건청문을 지나 오른쪽으로 방향을 틀면 동궁東宮이다. 이 동궁에는 전시공간이 많다. 다채로운 예술품을 감상할 수 있다. 이 가운데 봉선전奉先殿펑셴뎬에 있는 종표관鐘表館중뱌오관을 꼭 들러보라. 따로 입장료를 받는다. 그만큼 볼 만한 게 있다. 이곳은 중국의 황제들이 수집한 시계를 전시해 놓았다. 시계박물관이다. 중국의 궁궐에 웬 시계박물관일까. 이런 것은 스위스에나 있음직하지 않은가. 어찌 보면 생뚱맞다.

이 시계박물관에는 중국 황제들이 유럽의 선교사와 외교사절 그리고 상인들로부터 선물로 받은 자명종이 전시되어 있다. 특히 건륭제가 모아놓은 시계가 많다. 그는 유럽의 자명종 수집에 지나치게 집착했다. 그가 왜 그랬을까.

중국인들은 해시계와 물시계로 시간을 알았다. 자연에 의존하여 시간을 계산한 것이다. 유럽에서 들여온 자명종은 시간을 알기 위해 만든 기계다.

중국처럼 자연에 기댄 것이 아니라 서구의 놀라운 과학이 만들어낸 산물
이다. 정각이 되면 시계에서 차임벨이 울리며 인형이 나와 시간을 알려준
다. 스스로 알아서 시간을 계산해서 알려주는 친절한 '로봇'이다. 해시계
와 물시계로 시간을 계산한 뒤 북과 종으로 시간을 알렸던 중국인들에게
는 이 편리한 로봇이 신기하고 부러웠을 것이다.

유럽의 자명종은 명나라 후반기로 접어들면서 중국에 소개되었다. 서구
의 무역상과 선교사들이 이 신기한 시계를 들고 왔다. 유럽의 자명종을 처
음으로 중국에 소개한 사람은 마테오 리치Matteo Ricci(1552-1610)다. 그는 중
국어에 능통했고 수학과 천문학에도 해박했던 선교사다. 1581년에 광저우

廣州로 들어와 20년 넘게 중국에서 살았다. 1598년에 베이징으로 간 그는 3년이 지난 뒤 자금성으로 입궁하여 만력제(재위 1573-1620)를 만날 수 있었다. 그가 중국의 황제에게 선물로 들고 간 것은 두 개의 자명종이었다. 마테오 리치는 이 자명종을 만력제에게 접근하기 위한 수단으로 이용했다. 그는 자명종의 사용법을 중국인들에게 가르쳐주지 않고, 자명종의 태엽을 감는 열쇠를 자신이 갖고 있으면서 '시계밥'을 주기 위해 정기적으로 입궁했다.

1685년에 청나라의 강희제(재위 1661-1722)가 외국과의 해상무역에 대한 금지령을 해제하자 영국과 프랑스, 이탈리아와 포르투갈의 상인들이 중국으로 몰려들기 시작했다. 그들이 가져온 자명종이 자금성으로 유입됨에 따라 자금성의 시간은 자명종에 의해 맞춰졌다. 강희제는 자명종에 지대한 관심을 보였다. 심지어 그는 자명종의 구조를 파악하기 위해 시계를 분해하기도 했다. 교태전의 한 모퉁이에 왜 자명종을 놓아두었는지 그 이유를 알 것 같다.

유럽의 상인들이 가져 온 자명종의 수가 1759년 이후 갑자기 급증했다. 건륭제(재위 1735-1795)가 중국을 다스리던 시기다. 외국과의 교역 중심지였던 광둥의 세관들은 매년 4,50

1770년 경 런던에서 제작된 시계다. 시계가 작동하면 음악이 울리고 네 마리의 양들이 받치고 있는 네모난 뮤직박스 안에 있는 인형들이 춤을 춘다.

개의 자명종을 자금성으로 보냈다. 이 과정에서 모은 자명종이 1,025개에 이른다. 대부분이 영국으로부터 들여온 것들이다. 건륭제는 자금성과 다른 궁궐들을 자명종으로 가득 채웠다. 원명원圓明園위안밍위안과 열하산장熱河山莊러허산좡에는 엄청난 양의 자명종이 보관되어 있었다. 영불 연합군과 8개국 열강들의 약탈로 엄청난 양의 자명종이 사라졌다. 현재 시계박물관인 종표관에 소장되어 있는 시계들은 건륭제가 모은 자명종들의 빙산의 일각에 불과하다.

3. 왕푸징으로

신무문神武門을 통해 고궁박물원을 빠져나왔다. 자, 이제 어디로 갈까. 독자들은 이러한 고민에 빠질 것이다. 시간이 문제다. 베이징의 관광명소는 대개 오후 4:30이면 문을 닫는다. 고궁박물원을 둘러보는데 꽤 많은 시간이 걸렸을 것이다. 다른 곳을 또 돌아보기는 시간이 빠듯하다. 우선 정면에 보이는 경산景山징산에 올라가보라. 산이 높지 않아 가벼운 걸음으로 오를 수 있다. 산 정상에 오르면 춘화정春和亭춘허팅이란 정자 위에서 사방을 둘러보라. 멋

숭정제

명나라의 마지막 황제 숭정제는 백성을 사랑한 어진 임금이었다. 그는 전횡을 휘두르던 희대의 환관 위충현魏忠賢(1627년 졸)을 제거하고, 마테오 리치로부터 교육을 받아 서양 과학지식에 해박한 서광계徐光啓(1562-1633)를 등용했고, 위충현의 탄압을 받았던 동림당東林黨 인사들을 사면하여 입각시켰다. 또한 예수회 선교사인 아담 샬(1591-1666) 등을 통해 서구 문물을 받아들여 역법을 제정하고 서양식 무기 개발을 추진했다. 숭정제는 매우 검약한 생활을 했고 정무에 힘쓰며 명을 다시 부흥시키고자 노력했다. 하지만 만력제 때부터 기울기 시작한 명나라의 운명을 되돌리기에는 역부족이었다. 후금의 침략으로 전쟁비용을 충당하기 위한 농민의 부담이 날로 가중되었고, 1628년 이후 연이어 발생한 심한 가뭄과 수해로 농민들의 반란이 빈번했다. 드디어는 1644년 4월25일 베이징이 이자성李自成(1606-1645)이 이끄는 농민군에 의해 함락되자 숭정제는 황후와 공주들을 죽인 뒤 경산으로 올라가 나무에 목매어 자결했다. 그는 자신의 머리카락으로 얼굴을 가리고 죽었다고 한다. 자신의 손에 의해 명나라가 멸망하게 된 죄책감에 조상들을 볼 면목이 없어서였다.

진 광경이 펼쳐진다. 고궁박물원의 웅장한 자태를 가슴으로 느끼고, 고개를 돌려 반대편에 있는 고루鼓樓와 종루鐘樓를 바라보는 것도 좋다. 경산을 내려오다 보면 명나라의 마지막 황제인 숭정제(재위 1628-1644)가 자결했다는 곳이 나타난다. 명나라가 망한 것이 어찌 그 혼자만의 잘못일까. 그가 목매달았다는 나무는 지금 간 데 없고 대신 엇비슷한 나무를 갖다 꽂아 두었다.

3.1. 중국미술관에서 본 중국의 민간예술

주소 _ 東城區 五四大街 1號.
교통편 _ 103, 104, 106, 108번 버스.
개방시간 _ 9am-5pm.
입장료 _ 5원.
홈페이지 _ http://www.namoc.org

경산을 내려와 다음 목적지로 최상의 선택은 아마도 왕푸징王府井이 아닐까. 왕푸징은 고궁박물원의 동쪽 담장 너머에 있다. 가까운 거리라 택시를 이용하면 금방 갈 수 있지만, 고궁박물원 앞에서 택시 잡기가 그리 쉽지가 않다. 베이징에는 오토바이를 개조해 만든 삼륜차란 간편하고 '스릴' 넘치는 교통수단이 있다. 한 번 재미삼

아 이용해 보라. 색다른 경험이 될 것이다. 그마저도

없다면 편리함을 포기하고 그냥 걸어가 보라. 고궁박물원을 에두르고 있는 폭 50m의 해자를 따라 동쪽으로 거닐면서 한가로이 베이징을 느껴봄도 좋을 것이다. 고궁박물원 앞길은 징산쳰졔景山前街다. 이 길을 따라 쭉 걸어가면 우쓰다졔五四大街로 이어진다. 이 길을 걷 왼편으로 커다란 건물 하나가 보인다. 중국 근현대 미술품으로 권위 있는 중국미술관中國美術館이다. 오후 4시까지 입장할 수 있다. 시간이 허용된다면 잠깐 들러보자. 마침 미술관은 그들이 소장하고 있는, 중국의 전통 그림자극인 피잉시皮影戲의 도구로 쓰이는 가죽인형들을 전시 중이었다. 참으로 인상적이다. 중국 민간예술의 하나인 피잉시는 가죽을 아주 얇게 가공하여 몇 겹으로 덧대고 화려하게 색상을 입혀 정교하게 만든 가죽인형을 반투명의 스크린에 직접 대고 움직이며 이야기를 이끌어가는 그림자극이다. 경극보다는 못하겠지만 그래도 명색이 하나의 작은 극단을 이룬다. 이 그림자극은 청나라 때 크게 유행했다고 한다. 크고 화려한 무대와 많은 배우들이 필요한 경극과는 달리 적은 수의 인원으로 협소한 공간에서도 공연이 가능한 이 그림자극은 옛 중국의 서민들에게 많은 사랑을 받았다. 장이머우가 감독한 〈인생〉이란 영화에도 이 그림자극이 등장한다. 주인공 푸궤이富貴가 도박으로 재산을 탕진하고 생계를 위해 시작한 것이 이 피잉시다.

그림자극에서 다루는 이야기는 경극과 별반 다르지 않다. 중국인들이 좋아하는 역사이야기나 민간전설 그리

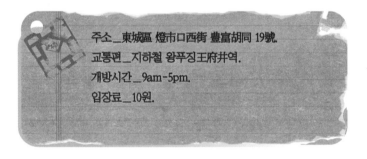

고 러브스토리가 주된 레퍼토리다. 가난한 청년과 천 년 묵은 백사의 사랑 이야기를 다룬 〈백사전白蛇傳〉,《삼국지》에서 유비가 제갈공명을 세 번 찾아간다는 삼고초려, 항우와 우미인의 슬픈 이별 이야기 〈패왕별희〉, 손오공이 하늘나라에서 난동을 부리는《서유기》의 한 장면 등 모두 우리에게도 익숙한 이야기들이다.

3.2. 라오서고거

주소_東城區 燈市口西街 豊富胡同 19號.
교통편_지하철 왕푸징王府井역.
개방시간_9am-5pm.
입장료_10원.

중국미술관을 나와 다시 우쓰다졔를 따라 왼쪽으로 걸어가다 오른쪽으로 방향을 돌리면 왕푸징다졔王府井大街가 시작된다. 이 길을 따라 남쪽으로 내려가자. 길옆으로 볼 만한 것이 넘쳐날 것이다.

왕푸징다졔에서 그리 멀지 않은 곳에 《낙타상자駱駝箱子뤄퉈샹즈》와 《차관茶館》으로 베이징 사람들에게 많은 사랑을 받은 베이징 태생의 작가 라오서老舍(1899-1966)의 고거가 있다. 라오서고거老舍故居는 왕푸징다졔에서 남

쪽으로 내려가다가 덩스커우시제燈市口西街에서 오른쪽으로 돌아 조금만 걸어가다가 오른편으로 두 번째 만나는 후퉁인 펑푸후퉁豊富胡同 바로 입구에 있다. 찾기 쉽다. 고궁박물원을 나와 왕푸징으로 가는 길에 들르면 편리하다. 전통적인 사합원의 면모를 갖춘 아담한 집이다.

베이징의 가난한 만주족 팔기군의 가정에서 태어난 라오서는 그 특유의 해학과 베이징 서민들 삶의 애환을 진솔하게 표현한 소설 작품들로 유명해졌다. 청나라가 망한 후 라오서는 몇 년 동안 교직생활을 하다가 1919년 5.4운동 때부터 백화白話로 글을 쓰기 시작했다. 1924년에 영국 런던으로 건너가 유학하면서 D. H. 로렌스Lawrence와 조셉 콘라드Joseph Conrad와 같은 영국 작가들의 영향을 많이 받았다. 특히 라오서가 세상에

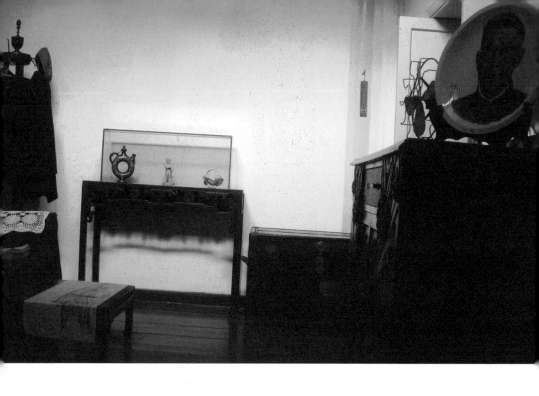

내놓은 그의 첫 번째 소설 〈장선생의 철학老張的哲學〉은 찰스 디킨스Charles
Dickens의 작품에 등장하는 괴기한 캐릭터에 자극 받아 쓴 작품이다. 라오
서가 조나단 스위프트Jonathan Swift의 〈걸리버 여행기〉에서 영감을 받아 쓴
〈고양이 나라 이야기猫城記〉(1932)는 우주선을 타고 화성에 갔다가 사고로
거기에 남게 되어 화성의 고양이 얼굴을 가진 '묘인猫人', 즉 고양이 사람
들의 나라를 탐험하게 된 한 중국인의 이야기다. 주인공은 끝에 가서 프랑
스 우주선에 의해 구조되어 지구로 귀환하지만 그가 잠시 체류했던 고양
이 나라는 결국 난쟁이 나라의 '왜병矮兵'들에 의해 전멸된다. 일제의 침략
을 당했던 당시 중국의 상황을 우화를 통해 신랄하게 꼬집은 이 풍자소설
은 애국심에 불탔던 당시 중국 학생들에게 일본에 대한 저항의식을 고취

시켰다.

라오서는 1924년부터 베이징 특유의 토속적인 구어체로 소설을 쓰기 시작하여 많은 작품을 남겼다. 일본 점령하의 베이징에서 4대가 함께 살고 있는 대가족 식구들의 생활상을 그린 〈사세동당四世同堂쓰스퉁탕〉, 베이징에 사는 가난한 인력거꾼의 비참한 생활을 그려 하층 서민의 애환과 어두운 현실에 대한 날카로운 묘사를 통해 비판적 리얼리즘의 방향에 새로운 경지를 개척했다는 평가를 받는 《낙타상자》(1937)는 이 시기에 쓴 그의 대표작이다.

미국에서 강의와 자신의 작품을 번역하며 안락한 생활을 보내고 있던 라오서는 중국 정부의 초청으로 1950년에 귀국한다. 그리고 저우언라이가 그를 위해 마련해 준 이 집에서 라오서는 노년을 조용히 보냈다고 한다.

1966년에 문화대혁명이 일어났다. 10년 동안 지속되었던 문화대혁명 기간 동안 중국의 많은 지식인들이 고초를 겪었다. 중국의 대문호 라오서도 예외일 수 없었다. 1966년 8월 어느 날 라오서는 30여명의 다른 지식인들 및 경극 배우들과 함께 홍위병들에 의해 공자 사당인 공묘孔廟쿵먀오로 끌려 갔다. 홍위병들은 공자 사당에서 경극 의상을 불태우고 지식인들과 경극 배우들을 심판했다. 장이머우의 영화 〈패왕별희〉의 마지막 부분에 나오는 것과 똑같은 장면들이 연출되었다. 라오서는 서구 사상에 너무나 물들었다는 이유로 비판 받고

라오서의 서재

어린 홍위병에 의해 심하게 구타당했다. 자존감 강했던 라오서. 그는 이 날 홍위병들에게 당했던 굴욕감을 더는 참을 수 없었다. 그 다음날 라오서 는 이 고거에서 그리 멀지 않은 태평호太平湖타이핑후라는 호수에 몸을 던져 자살했다. 베이징 서민들의 삶을 해학적으로 풀어낸 작가이자 극작가였던 라오서. 그가 마지막 삶을 보냈던 이곳에서 그의 체취를 느껴보라.

3.3. 왕푸징

왕푸징王府井. 마치 딴 세상에 온 것 같다. 과거의 세계에 있다가 타임머신 을 타고 현대로 다시 돌아온 기분이다. 왕푸징다졔는 베이징에서 가장 번

화한 거리다. 럭셔리한 쇼핑몰들로 가득하다. 왕푸징. 명나라 때 이 거리의 동쪽에 10개의 왕부王府가 들어섰다고 한다. 그래서 거리의 이름에 '王府'가 들어있다. 근데 왜 우물 井자가 덧붙여졌을까. 옛날에는 어느 거리에나 우물이 있었다. 근데 이곳에 있는 우물의 물맛이 달콤하기로 유명했다고 해서 왕푸징王府井이다. 이 거리 주변에는 왕부 말고도 고위관료들이 살았던 관저가 많았다. 청나라 말에는 러시아, 영국, 프랑스, 독일 등 외국 대사관들이 왕푸징 근처의 둥쟈오민샹東交民巷이란 곳에 우후죽순처럼 세워졌다. 부유한 관료들과 외국인들이 많이 살던 곳이라 왕푸징은 일찍부터 럭셔리한 물건을 파는 상가들이 형성되었다. 왕푸징에서 해볼 만한 일이 네 가지쯤 된다. 럭셔리한 백화점들을 돌아다니며 쇼핑을 즐기고, 이곳에 있는 엄청나게 큰 왕푸징서점王府井書店에서 책 구경하고, 거리를 쏘다니며 사람 구경하고, 배가 출출하면 이곳의 유명한 식당가를 찾아가 중국요리를 즐기는 것이다. 고궁박물원을 걸어 다니느라 지친 심신을 쉬며 하루를 마감하기에 좋다.

왕푸징다제를 쭉 내려오다 보면 오른쪽에 외문서점外文書店이란 서점이 있다. 이 서점은 영어를 비롯한 외국어로 쓴 중국에 관한 책을 파는 곳이다. 외국 관광객을 위한 서점인지라 볼 만한 책이 많다.

왕푸징에는 역사가 오래된 백화점들이 많다. 청나라 때부터 황족, 고위관료들 그리고 외국의 외교관 가족들을 상대하던 곳이라 값비싼 물건들이 많다. 베이징의 다른 곳보다 가격이 비싼 편이다. 눈으로만 보고 물건은

다른 곳에서 사는 것이 좋다.

왕푸징서점은 왕푸징다졔의 남쪽 끝머리에 있다. 이곳에 들러 중국의 독서문화가 어떤지를 물씬 느껴보라. 정말 엄청나게 크고 사람 또한 넘쳐난다. 중국인들은 우리보다 독서열이 높은 것 같다. 서점의 크기가 참으로 어마어마하다. 우리네 대형서점은 아무리 크다고 해도 한 층이다. 그런데 중국의 대형서점은 빌딩 하나가 통째로 책으로 가득 차 있다. 베이징에는 이러한 대형서점들로 들어차 있는 서점가가 여러 곳 있다. 서점가의 이름이 참으로 재미있다. '책의 성'을 뜻하는 수청書城이다. 서점에 들어가 보면 이건 마치 재래시장 한복판에 서 있는 느낌이다. 사람들로 북적댄다. 이를 두고 인산인해라고 말하는가 보다. 베이징에 있는 '책의 성'들에서 느낄 수 있는 인상이다.

중국은 지금 무섭게 발전하고 있다. 발전의 속도에 맞춰 정보도 업데이트해야 한다. 그래서 중국 사람들은 항상 새로운 정보를 갈구한다. 그래서인지 베이징의 거리를 걷노라면 가판대에 잡지가 많이 쌓여 있는 것이 눈에 띈다. 우리의 가판대에는 신문 몇 가지가 고작인데. 중국인들이 그렇게 많은 잡지를 읽는 이유는 뭘까. 우리보다 정보에 굶주린 탓인가. 이들을 보면 마치 무쇠를 마구 먹어치우는 불가사리 괴물 같다. 무섭다. 이들이 얼마나 커질지.

배가 고프지 않는가. 왕푸징에는 가볼만한 식당가가 몇 군데 있다. 왕푸징서점 바로 옆 건물인 공미대하工美大廈궁메이다샤 지하에 음식백화점이 있고, 서점 바로 건너편에 왕푸징샤오츠졔王府井小吃街란 유명한 먹거리 골목이 있다.

야시장의 분위기를 느끼고 싶으면 왕푸징다제 북쪽에 있는 둥화먼예스東華門夜市라는 야시장을 가보라. 이곳은 오후 5시30분부터 오후 10시까지 영업을 한다. 엽기적인 음식이 많다. 전갈, 풍뎅이, 개구리 같은 징그러운 것들을 꼬치에 꽂아놓고 팔고 있다. 가장 무난한 것은 양러우촨羊肉串이라는 양고기 꼬치구이다. 왕푸징서점 건너편에 있는 왕푸징샤오츠제는 정말 한 번 가볼 만한 곳이다. 오전 11시부터 오후 8시까지 영업한다. 이슬람교를 믿는 위구르족들의 음식인 양고기 케밥, 맵고 얼큰한 국물이 있는 마라탕이라는 꼬치 샤브샤브, 베이징 자장면, 간수성의 유명한 란저우라미엔蘭州拉麵, 윈난 음식인 윈난궈챠오미셴雲南過橋米線, 다오샤오미엔刀削麵 등. 중국 각지의 음식들을 모두 여기에서 경험할 수 있다.

세계에서 가장 큰 담장 만리장성

베이징에서 가장 편하게 들릴 수 있는 만리장성은 팔달령八達嶺바다링 장성이다. 유일하게 케이블카가 설치된, 오르내리기 편리한 장성이라 바쁜 한국 관광객들이 많이 찾는다. 케이블카를 타고 오르는데도 꽤 높다는 생각이 든다. 한참을 올라간다. 이 높은 산꼭대기에 부역을 나와 추운 겨울의 세찬 바람을 맞으며 무거운 벽돌을 날랐을 명나라 백성들을 생각해본다. 성벽을 쌓으며 얼마나 많은 사람들이 죽었을까. 사람이 죽으면 무덤을 만들 여력이 없어 시체 위에 벽돌을 쌓아 올렸다고 한다. 그래서 만리장성은 중국에서 가장 큰 무덤이라고 한다. 진시황제 때 흉노를 견제하기 위해 장성을 쌓는 노역에 끌려와 죽은 남편의 시신을 찾지 못해 슬픔에 잠겨 흘린 눈물이 성벽을 허물었다는 유명한 맹강녀孟姜女 이야기는 만리장성에 얽힌 유명한 전설이다.

현존하는 만리장성은 명나라 때 중건한 것이다. 팔달령 장성은 현존하는 명대 장성 가운데 보존이 가장 양호한 장성이다. 장성의 연원을 거슬러 올라가보자면, 기원전 7세기에 북방의 소수 민족이나 적국의 침입을 방어하기 위해 제후들이 장성을 축조하기 시작했다. '만리장성' 이란 말을 사용한 것은 진시황제 때부터다. 진시황제가 6국을 병합한 뒤 몽염蒙恬 장군을 파견하여 흉노를 정벌하고 제후들이 축조해놓은 옛 장성들을 서로 연결한 것이 만리장성의 시작이다. 맹강녀 이야기는 이 때 생겨났다. 명대에 들어와서 북방 몽골의 침입과 동북쪽 여진족의 발흥으로 만리장성을 다시 축조했다. 주원장이 나라를 세운 1368년에 시작하여 1500년에 기본적인 틀이 완성되었는데 그 길이가 무려 12,700리에 이른다.

팔달령의 정상. 케이블카에서 내려 다시 계단을 좀 내려가니 장성이 웅장한 모습을 드러낸다. 팔달령 장성에서 관광객이 오를 수 있는 가장 높은 곳까지 올라갔다. 경사가 가파르고 바닥이 미끄럽다. 꼭대기에 오르니 기념사진을 꼭 찍어야할 장소가 눈에 쏙 들어온다.

不到長城非好漢, 我登上了八達嶺長城.
장성에 오르지 않으면 사나이가 아니다.
난 팔달령 장성에 올랐다.

마오쩌둥이 팔달령 장성에 올라 그 감회를 쓴 그의 친필을 돌에 새겨 놓은 작

은 비석이다. 사진을 찍으려니 한 사내가 내 앞을 막아선다. 유료란다. 사진을 찍으려면 돈을 내란다. 60원이다. 으악! 함부로 찍지 못하게 울타리를 쳐 놓았다. 찍긴 찍어야 하는데. 할 수 없이 중국 아이가 기념사진을 찍고 있는 것을 울타리 틈새로 사진기를 들이대고 쭈그리고 앉아 몰래 찍었다.

외국의 지도자들이 중국을 방문할 때 중국 정부가 가장 먼저 보여주는 것이 만리장성이라고 한다. 그들이 왜 만리장성을 보여주려는 것일까. 그 이유는 간단하다. 외국의 국가원수들에게 기를 죽이기 위해서다.

우리나라의 경우는 어떠한가. 수원에 있는 삼성반도체 공장을 보여 준단다. 우리의 첨단기술을 과시하기 위해서다.

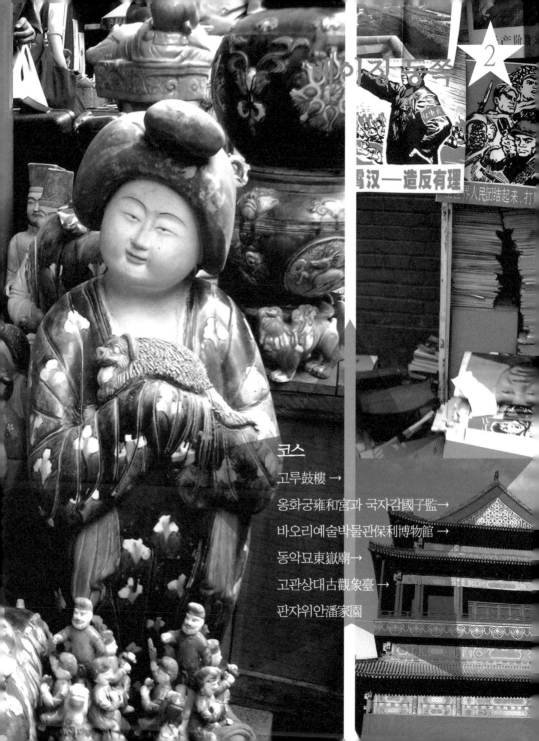

雪汉—造反有理

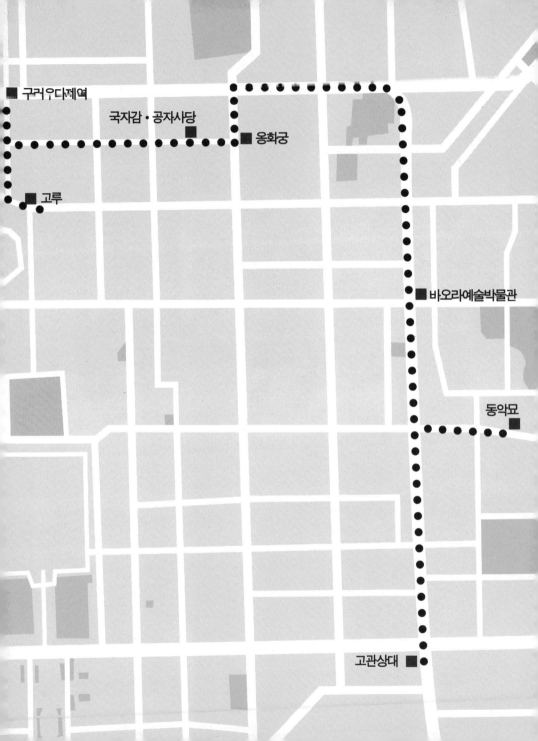

구러우다졔역

국자감·공자사당

옹화궁

고루

바오라예술박물관

동악묘

고관상대

② 베이징 동쪽

고루鼓樓 ▶▶ 국자감國子監 · 옹화궁雍和宮 ▶▶

바오리예술박물관保利博物館 ▶▶ 동악묘東嶽廟 ▶▶

고관상대古觀象 ▶▶ 판자위안潘家園

이 코스는 베이징 중심축의 북쪽 끝 고루에서 출발하여 옛 베이징 내성을 에두르는 얼환루
二環路라는 순환도로를 따라 동쪽으로 옹화궁, 국자감과 공자사당을 둘러보고 다시 남쪽
으로 쭉 내려간다. 얼환루를 따라 지하철 2호선이 달린다. 우리가 돌아볼 곳들이 모두 2호
선 전철역에서 멀지 않은 곳에 있어 지하철을 이용하면 이동이 편리하다. 오늘 우리가 돌
아볼 코스는 베이징의 동쪽 지역에 해당한다. 이 지역에는 둥청취東城區와 차오양취朝陽
區가 있다. 자금성의 동쪽이란 뜻을 지닌 둥청취는 베이징에서 역사의 체취를 가장 많이
맡아볼 수 있는 구역 가운데 하나다. 원나라 이래 건설된 전통적인 후퉁이 그대로 남아 있
고 오래된 사찰과 왕부 그리고 박물관과 기념관 등이 드넓은 후퉁 곳곳에 숨어 있어 이 속
을 누비며 옛 고도의 체취를 느껴보는 것은 오랫동안 잊지 못할 추억이 될 것이다.
차오양취는 옛 고도의 담장 밖에 있다. 옛 베이징의 중심부에서 벗어난 변경에 위치했었기
에 이 지역에서 볼 만한 역사적 유적지는 별로 없다. 대신 호텔과 레스토랑이 많다. 건국문
밖에는 외국 대사관들이 모여 있고, 술집과 라이브 카페, 록 음악과 맥주가 있는 산리툰三
里屯은 베이징의 신세대들이 젊음을 발산할 수 있는 해방구다.

1. 베이징의 빅벤 고루

1273년 쿠빌라이 칸에 의해 세워진 고루鼓樓구러우는 원나라의 도읍이던 다두大都의 한가운데에 위치한다. 1420년에 다시 지어진 뒤로 수없이 파괴되고 복구되었다. 고루와 그 바로 뒤에 있는 종루는 베이징의 남북으로 뻗은 중심축 선상에 위치한 건축물 가운데 가장 높은—고루는 45.14m이고 종루는 46.96m—건물이다. 명나라와 청나라 두 왕조가 중국을 다스렸던 550년이란 긴 세월동안 이 두 누각은 베이징의 백성들에게 시간을 알려주는 역할을 담당했다. 베이징의 빅벤Big Ben인 셈이다. 고루와 종루는 서로 짝을 이룬다. 널찍하고 웅장한 위용을 자랑하는 고루는 양을, 아름다운 여성처럼 '날씬하게' 생긴 종루는 음을 상징한다. 이 두 누각이 남북으로 뻗은 중심축 선상에 연이어 서 있으면서 하늘과 땅의 조화를 상징하고 있다.

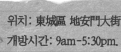

위치: 東城區 地安門大街
개방시간: 9am-5:30pm.
입장료: 고루 20원, 종루 15원.
교통편: 지하철 구러우다졔鼓樓大街역.

지하철을 타고 구러우다졔역에서 내려 B출구로 나와 쥬구러우다졔舊鼓樓大街를 따라 남쪽으로 걸어가면 고루가 보일 것이다. 쥬구러우다졔가 끝나는 삼거리에서 왼쪽으로 돌아서 가면 바로 고루다. 멀리서 바라봐도 그 웅장함

을 한 눈에 느낄 수 있다. 가까이 나아갈수록 그 느낌은 더해진다. 참으로 크
다. 그 거대함으로 보는 이의 시선을 압도한다. 고루로 올라가는 입구로 들
어서면 정말로 엄청나게 '가파른' 계단이 앞을 막아선다. 비틀거리며 계단
을 힘겹게 올라가면 갑자기 시야가 확 트인다. 본격적으로 북을 보기 전에
고루의 난간을 따라 한 바퀴 돌며 주위 경관을 감상해 보자. 주변의 후퉁 사
이로 빽빽하게 들어찬 사합원이 한 눈에 들어온다.

　고루에는 원래 24개의 북이 있었다. 쇠가죽을 뒤집어 씌운 지름 1.5m의
큰 북들이다. 지금은 찢어진 오래된 북 하나를 포함하여 25개의 북이 전시
되어 있다. 옛날에는 어떻게 시각을 알렸을까. 궁금하다. 매일 오시午時(저녁
7시 무렵)가 되면 고루에 있는 24개 북이 울렸다. 종소리가 뒤따랐다. 처음은

빠른 템포로 18번, 그 다음은 느리게 18번, 마지막에는 중간 템포로 또 18번 북을 두드린다. 합하여 54번. 같은 순서로 한 번 더 되풀이한다. 그래서 모두 108번 북을 울렸다. 고루와 종루에서 울려 퍼지는 북과 종소리에 응하여 베이징 내성 9개 성문을 지키는 금위병들은 각 성루에 설치된 종을 쳤다. 이 종소리에 맞춰 내성의 모든 문이 닫힌다. 각 지역의 경비를 맡은 포졸들은 자란柵欄이란 '거리의 문'을 닫고 백성들 또한 각자 자신들의 집 대문을 닫는다. 저녁 7시가 되면 고루의 북소리에 맞춰 베이징 내성 안에 있는 모든 문들을 닫는 것이다.

북과 종은 시각을 알리는 역할을 했다. 그렇다면 그 정확한 시각은 어떻게 알았을까. 고루를 둘러보다 보면 북 옆에 동각루銅刻漏라는 물시계가 있음을 발견하게 된다. 이 물시계로 시간을 잰 것이다. 시간이 되면 '안뇨신'이란 인형이 징을 8번 울렸다고 한다. 그러면 고루의 24개 북을 울려 시간을 알렸던 것이다.

시간을 알리는 의식은 다음날 아침 인시寅時(새벽 5시)에 되풀이된다. 사람들이 잠자리에서 일어날 시간이 된 것이다. 고루에서 북소리가 울리면 성안의 모든 사람들은 서서히 문을 연다. 상점들은 손님을 맞을 준비를 하고 관리들은 조회에 늦지 않기 위해 걸음을 재촉한다. 저녁 7시와 다음날 새벽 5시를 제외하고 고루는 침묵에 잠긴다. 종루의 종만이 그 사이의 시간을 알려줄 뿐이다. 이러한 알람 시스템이 현대를 사는 우리에게는 이상하게 보일지 모른다. 하루에 딱 두 번. 그것도 집으로 돌아가서 문 걸어 잠그고 자는 시간과 일어나는 시간에 북을 치니 말이다. 왜 그랬을까. 북과 종을 동시에 울려 베이징성의 문—9개의 성문뿐만 아니라 성 안의 모든 문들—을 여닫음

물시계와 안뇨신

증루의 출입문

으로써 중국의 황제는 도시공간을 통제
했던 것이다. 교태전에 왜 물시계를 갖
다 놓았는지 이해가 될 것이다.

　지금은 사라져 볼 수 없지만 예전에는
베이징에 1,219개에 달하는 '거리의 문'
들이 있었다고 한다. 이 문들은 베이징
의 거리를 외부와 차단할 수 있는 독립
된 부분들로 나누었다. 저녁 7시 고루에
서 북소리가 울리면 베이징 성 안에 있
는 모든 거리의 양쪽 끝은 '자란' 이란
바리케이드를 쳐서 외부와 차단하고 거
리를 경비하는 야경꾼이 그 사이를 끊임
없이 순찰한다. 이것은 베이징의 공간구
조가 매일 변화함을 의미한다. 저녁 7시
에 북과 종소리가 울림과 동시에 바깥세
상과 통하는 성문뿐만 아니라 자금성,
관청, 시장, 사찰 그리고 개인주택 등 성
안에 담장을 두른 모든 공간들이 문을
닫음으로써 이 거대한 도시는 담장으로
둘러싸인 수많은 차단된 공간들로 변환
되는 것이다. 모든 길과 거리들은 사람
들이 다니지 않는, 다른 공간들과의 연

결이 끊어진 '격리된 공간'으로 변모하게 된다.

저녁 7시에 고루와 종루에서 북과 종이 울리면 베이징은 매일 반복하여 '의례적' 동면에 들었다. 이러한 밤의 휴면기는 다시 2시간 단위로 5개의 시각인 '오경五更'으로 나눠지는데, 각 시각을 알리는 역할은 종루가 맡았다. '경更'이란 글자는 야경을 도는 사람이 교대—更자는 바꾸다는 뜻을 갖고 있다—하는 데서 비롯되었다. 초경初更부터 오경五更까지 경첨更籤(끝에 쇠로 된 갈고리가 달린 곤봉)을 지참한 야경꾼이 두세 사람 조를 이루어 거리를 순찰한다. 노동을 독려하는 중세 유럽의 종과는 달리 중국의 고루와 종루는 긴 밤 동안의 평화로운 휴식을 보장했다.

베이징의 중심축 선상에 있는 건축물 가운데 가장 높은 건물인 고루와 종

고루

종루

109

루는 옛 베이징사람들에게 어떤 인상을 주었을까. 그들은 밤에는 고루와 종루에서 들려오는 소리를 듣고 낮에는 그 웅장한 자태를 바라보며 살았다. 낮에는 고루에서 북을 울리지 않았다. 그러면 당시 사람들은 낮 시간을 어떻게 알았을까. 간단하다. 그들은 해 그림자를 보고 시간을 '느꼈다.'

고루 바로 뒤는 종루다. 묵직하게 생긴 고루에 비해 날씬하다. 이 종루에 걸려 있는 두께 10㎝에 42톤이나 나가는 무거운 종에는 애틋한 사연이 담겨 있다. 종을 주조하라는 명나라 영락제의 명을 받든 장인은 좀처럼 만족할 만한 종을 만들어 내지 못했다. 실패가 거듭되자 격노한 영락제는 이 불쌍한 장인을 처형하라는 명을 내린다. 이 소식을 전해들은 장인의 딸은 죽음으로부터 아비를 구하기 위해 쇳물을 부을 때 거대한 거푸집 속으로 몸을 던졌다. 완벽한 종을 완성하기 위해 자신을 희생한 것이다. 그 찰나 아비는 딸의 목숨을 구하기 위해 필사적으로 딸을 부여잡으려 했으나 그의 손에 잡힌 것은 딸의 신발 한 짝뿐이었다. 딸의 희생으로 종은 정말 놀랍게도 완벽하게 만들어 졌다. 베이징 사람들의 귀에는 종루의 종소리가 '시에'—신발을 뜻하는 혜鞋의 중국어 발음이다—로 들렸다고 한다. 우리의 에밀레종이 만들어진 사연을 생각하게 한다. 지금의 종루는 1747년 화재로 인해 소실된 뒤 벽돌과 돌로 다시 지어진 것이다.

1900년. 의화단을 진압하기 위해 베이징을 침입한 영국, 프랑스, 미국, 일본, 독일, 이탈리아, 오스트리아, 러시아 등 8개국 열강에 의해 결성된 연합군이 고루를 점거하고 총검으로 내리쳐 북을 찢어버린 이후 고루에서 더는 북소리를 들을 수 없었다. 외세에 의해 시간을 알리는 북이 찢어진 것은 1860년 영불 연합군에 의해 파괴된 원명원과 함께 중국인들에게 국가적 치욕으로 여겨졌다. 그래서 그들은 그 날의 치욕을 잊지 않기 위해 지금도 고루에 그 때 찢겨진 북 하나를 남겨 놓았다.

1.1. 옛 기차역 시계탑

1900년에 고루가 침묵한 뒤로 베이징 사람들에게 시간을 알려주는 역할은 베이징에 들어서기 시작한 서양식 건물에 '장착된' 시계탑이 맡게 되었다. 사람의 손을 빌지 않고 때가 되면 저절로 알아서 울리는 '자명종'을 당시 중국인들은 서양이 발명한 현대 과학 기술의 놀랍고 신기한 업적으로 보았다. 첸먼의 동쪽에 1901년에 세워진 옛 기차역이 서 있다. 베이징에 최초로 세워진 기차역이다. 이 기차역은 1959년 베이징역이 세워지면서 역의 기능을 상실하고 지금은 쇼핑센터로 개조되어 사용된다. 지금으로부터 백 여년 전 첸먼 앞을 지나다가

이 기차역의 시계탑에서 울려대는 시끄러운 자명종 소리에 기겁을 했었을 옛 베이징 사람들의 모습을 상상해 본다. 이 자명종 시계탑은 전통 공간의 숲 속에 우뚝 섰던 '현대'의 상징물이었지만 이 기계로 작동되는 시계는 베이징 사람들의 일상생활을 근본적으로 바꿔 놓지는 못했다. 탁상시계와 벽시계 그리고 포켓시계와 손목시계가 이들의 삶 깊숙이 자리 잡기 전까지 20세기를 살았던 베이징 사람들은 여전히 옛 중국인들이 그러했듯이 해의 움직임을 보고 시간을 알았다. 옛 베이징 사람들은 해 그림자를 보고 시간을 어림잡는데 익숙했다. 그 방법은 간단했다. 베이징의 공간구도가 남북으로 뻗은 축과 동서로 뚫린 길로 이루어져 있다는 건 독자들도 이미 잘 알고 있으리라. 베이징의 토박이들은 남북으로 뻗은 성벽의 그림자가 짧아져서 희미하게 사라질 때면 그건 바로 점심을 먹을 시간이 되었음을 알았던 것이다.

유럽 과학기술의 축적물이라 할 수 있는 시계탑은 옛 베이징에 들어선 현대의 침입자였다. 서구 과학기술의 우월성을 증명하는 가장 구체적이고 확실한 기념비였다. 그래서 교회나 은행 또는 기차역과 서양식 학교 등에 세워지는 시계탑의 수가 증가하는 것은 곧 중국에 외세 열강의 침투가 날로 늘어가는 걸 의미했다.

북에서 자명종으로의 교체는 중국인들의 삶을 변화시켰다. 전통시대 중국의 황제들은 하루에 딱 두 번 고루에서 북을 울려 담장 안의 모든 문들을 여닫게 함으로써 그 속에서 사는 백성들을 통치했다. 백성들은 그들의 통치자가 만들어 놓은 간단한 타임스케줄에 맞춰 생활하면 되었다. 시계탑이 들어섬으로 해서 중국인들의 삶은 유럽 열강들이 만들어 놓은 표준시간에 맞

쳐졌다. 북소리에 맞춰 삶을 영위하던 시절 북소리가 울리지 않는 새벽 5시
에서 저녁 7시 사이에 중국인들은 비교적 여유롭고 자유로울 수 있었다. 그
동안은 시간에 구애를 받지 않아도 되었다. 그런데 이제는 매 시간마다 자
명종이 시끄럽게 울려댄다. 그 울림에 맞춰 사람들은 쳇바퀴 돌아가듯 바삐
움직인다. 느리고 여유로웠던 중국인들의 삶이 각박해졌다.

1.2. 디지털전광시계탑

쳰먼에서 천안문광장으로 들어서면 오른쪽에 중국국가박물관이 보일 것이
다. 중국 정부는 오래 전부터 이 박물관 앞에 현대식 시계탑을 세워 놓았다.
1986년에는 1997년 7월1일 홍콩의 중국 귀환 카운터다운을 위해 디지털전
광시계탑을 세워 놓았고, 바로 그 자리에 지금은 2008년 올림픽의 카운터다
운을 위한 디지털전광시계탑이 버티고 서 있다. 독자가 천안문광장을 지날
때쯤에는 그 앞에 뭐가 서 있을까.

중국인들은 시간을 표시하기 위해 간지干支라는 시간 계산법을 만들었다. 수직적인 하늘을 뜻하는 천간天干과 수평적인 땅을 의미하는 지지地支를 결합하여 시간을 표시했다. 간지 자체가 고대 중국인들에게 하늘과 땅의 시간적 조화가 얼마나 중요했던 가를 말해준다.

하늘을 의미하는 10간은 갑甲 · 을乙 · 병丙 · 정丁 · 무戊 · 기己 · 경庚 · 신辛 · 임壬 · 계癸이고, 땅을 뜻하는 12지는 자子(쥐, 23시-1시) · 축丑(소, 1시-3시) · 인寅(범, 3시-5시) · 묘卯(토끼, 5시-7시) · 진辰(용, 7시-9시) · 사巳(뱀, 9시-11시) · 오午(말, 11시-13시) · 미未(양, 13시-15시) · 신申(원숭이, 15시-17시) · 유酉(닭, 17시-19시) · 술戌(개, 19시-21시) · 해亥(돼지, 21시-23시) 등이다. 중국인들은 12지를 열 두 동물과 연결했고, 하루 24시간을 12등분하여 12지로 표시했다.

또한 해가 진 다음부터 다음날 해뜨기 전까지를 5등분하여 5경更이라 하여, 초경初更은 술시戌時(19시-21시), 2경은 해시亥時(21시-23시), 3경은 자시子時(23시-1시), 4경은 축시丑時(1시-3시), 5경은 인시寅時(3시-5시)로 나누었다. 이 10간과 12지를 조합하여 60개의 간지를 만들었다. 해와 날을 이 60갑자가 한 번 순환하는 것으로 계산했다. 또한 60일을 10일을 단위로 계산하여 6주로 나누고, 이를 순旬이라 불렀다. 그래서 한 달을 상순上旬, 중순中旬, 하순下旬으로 나눈다. 이렇게 날과 주 그리고 해를 정한 것은 해의 운행을 기준으로 한 것이다.

이러한 중국의 기본적인 시간 계산법은 상나라 때 정립되었다. 태양을 숭배했던 상나라 사람들은 10개의 태양이 있다고 믿었다. 태양 하나가 동쪽의 해가 뜨는 계곡에 있는 부상扶桑이란 나무에서 출발하여 서쪽을 향해 운행하는 동안 이미 졌던 해는 서쪽 해가 지는 곳인 우연羽淵이라는 연못에서 지하통로인 황천을 통해 다시 동쪽의 부상으로 돌아가고 있고, 나머지 8개의 태양은 부상에서 차례를 기다린다. 10개의 천간은 이 태양신화를 토대로 만들어졌다. 12개의 지지는 12개의 달을 의미한다. 한 해를 12달로 나눈 것은 달을 기준으로 삼은 것이다.

2. 라마불교와 옹화궁

주소: 東城區 雍和宮大街 12號
교통편: 지하철 융허궁雍和宮역
개방시간: 9am-4pm
입장료: 25원
홈페이지: http://www.yonghegong.cn

다음 목적지는 라마불교 사찰인 옹화궁雍和宮융허궁이다. 고루에서 나와 왔던 길을 따라 다시 구러우다졔역으로 돌아가자. 구러우다졔역에서 지하철를 타고 두 정거장만 가면 옹화궁이다. 지하철역 이름 또한 옹화궁이다. C출구로 나와 융허궁다졔雍和宮大街를 따라 조금만 걸어가면 옹화궁이 나온다. 여행을 좀 더 재미있게 해보고 싶다면 구러우다졔역에서 옹화궁까지 자전거를 타고 가보기를 권한다. 구러우다졔역 앞에 자전거 대여점이 있다. 여기에서 자전거를 빌려서 다시 쥬구러우다졔를 따라 남쪽으로 내려가다 보면 구러우다졔역과 고루 사이 중간쯤에 국흥호동國興胡同궈싱후퉁이 있다. 자전거를 타고 이 후퉁 안으로 들어가 보라. 이 후퉁은 직선으로 정토호동淨土胡同징투후퉁―차연점호동車輦店胡同처녠뎬후퉁―국자감가國子監街궈쯔지엔졔―성현가成賢街청셴졔로 이어진다. 청셴졔가 끝나는 곳에서 남북으로 뻗은 융허궁다졔雍和宮大街를 만나게 된다. 이 길만 건너면 옹화궁이다. 자전거를 타고 후퉁을 누벼보라. 베이징 후퉁 문화의 진수를 진하게 경험할 수 있다.

2.1. 노란 유리 기와 지붕의 라마불교 사원

옹화궁은 베이징에서 가장 크고 화려한 사원이다. 노란 유리 기와로 뒤덮인 옹화궁은 햇빛에 반사되어 황금빛으로 반짝인다. 절이 어떻게 자금성에서 봤던 노란 유리 기와로 뒤덮여 있을까. 그럴만한 이유가 있다. 옹화궁은 원래 청나라 강희제가 1694년에 그의 넷째 아들 윤진에게 하사한 옹친왕부雍親王府였다. 자기 관리에 뛰어났던 윤진은 넷째 아들임에도 불구하고 수많은 경쟁자들을 물리치고 1723년에 황제의 자리에 올라 자금성으로 거처를 옮겼다. 그가 바로 옹정제(재위 1723-1735)다. 황제가 예전에 지냈던 곳에 다른 사람이 거주할 수 없는 것이 왕실의 법도였기에 옹친왕부는 2년 뒤 행궁으로 승격되어 옹화궁으로 이름을 바꾸었다. 명목상은 행궁이었지만 옹정제는 옹화궁을 다른 목적으로 이용했다. 부왕 강희제는 생전에 무려 35명이나 되는 많은 아들들을 두었다. 장남이 아니었던 옹정제가 많은 경쟁자들을 물리치고 황제의 자리에 오를 수 있었던 것은 그의 철저한 자기 관리 덕분이었다. 영민한 강희제에게는 잔꾀가 통하지 않음을 너무나 잘 알고 있던 옹정제는 남 앞에 나서지 않았고 항상 차분하고 믿음직하게 행동했다. 부왕이

맡긴 일은 최선을 다해 충실히 완수했다. 그의 성실함으로 옹정제는 강희제로부터 두터운 신임을 얻어 마침내 황위를 계승할 수 있었다. 황제의 자리에 오른 뒤에도 옹정제는 항상 불안했다. 그는 강희제의 유서를 조작했다는 의심을 받았다. 그의 주위에는 그를 의심의 눈초리로 바라보며 자신의 자리를 넘보려는 형제들로 가득 찼다. 옹정제는 고압정책을 선택했다. 그는 옹화궁을 자신과 의견을 달리하는 정적들을 제거하는 비밀경찰의 기지로 삼았다. 절세의 무공을 갖춘 고수들로 조직된 비밀경찰들은 옹정제를 위해 황족과 신하들의 동태를 염탐하고 황제에 맞서는 정적들을 색출하여 제거했다. 황위에 오른 지 10년이 지나 이젠 어느 정도 정적들을 제거했다고 생각한 옹정제는 1734년 옹화궁을 라마사원으로 개조하여 승려들을 거주하게 했다.

옹정제가 죽고 그의 뒤를 이은 건륭제는 옹화궁의 중심축에 있는 건물들에 노란 유리 기와를 덮어 옹화궁을 황궁과 동격으로 격상시켰다. 또한 1744년에는 부왕이 생전에 수많은 정적들을 살육한 죄를 씻기 위해 옹화궁을 정식으로 라마사원으로 개조하고 몽골로부터 5백 명의 라마승들을 초청하여 거주하게 했다. 여기에는 라마불교를 믿는 몽골과 티베트의 유목민족들을 종교적으로 회유하기 위한 목적도 있었다.

건륭제는 청나라에 대항하는 티베트 저항세력을 제거하기 위해 1756년에 원정을 시작하여 그들의 전략적 근거지였던 일리강 유역을 손에 넣고, 여세를 몰아 타림분지의 이슬람권 오아시스 지역을 정복했다. 그리하여 알타이산맥에서 곤륜까지 그리고 돈황에서 파미르에 이르는 광활한 땅을 청나라의 영토로 흡수하고 '새로운 땅'이란 뜻의 신장이란 이름을 붙였다. 청나라가 이곳 신장 지역을 차지함에 따라 1759년에 중국은 무려 1150만㎢라는 중국 역사상

가장 광활한 영토를 소유하게 되었다. 몽골과 티베트의 저항이 없을 리 만무했다. 청나라는 몽골과 티베트에서 일어난 반란과 분쟁을 무력으로 진압했다. 옹화궁은 라마불교를 통해 몽골과 티베트의 소수 유목민족들을 회유하려는 청나라 정부의 문화정책의 일환이었다. 티베트의 저항은 지금까지도 계속된다. 그들의 독립을 향한 의지는 식을 줄을 모른다. 하나 된 중국의 틀을 흔드는 그들에 대한 중국 정부의 탄압 또한 여전하다. 티베트는 천연자원의 매장량이 상당한 자원의 보고다. 경제적 가치가 엄청나다. 인도와의 충돌을 막을 수 있는 완충지대라 전략적 가치도 높다. 위구르족 등 중국의 다른 소수 민족들의 분리 독립 요구가 분출될 수 있다. 세계로부터 인권을 탄압한다는 지탄을 무릅쓰고라도 중국 정부가 그들의 분리 독립을 허용할 수 없는 이유다.

옹화궁 앞 좁은 거리는 향을 비롯한 불교용품을 파는 가게들로 즐비하고 중국 각지에서 옹화궁을 찾아온 사람들로 북적댄다. 베이징의 다른 한적한 도교 사원이나 불교사찰과는 분위기가 사뭇 다르다. 화려한 패루를 지나 은행나무가 양쪽으로 늘어선 길을 따라 걸어간다. 처음 마주친 넓은 뜰에는 양쪽으로 고루와 종루가 나란히 마주보고 서 있고, 뜰의 정면에는 향불을 피우기 위한 향로가 놓여있다. 그 앞에는 향을 태우고 절을 하는 중국인들의 행렬이 끊이지 않는다. 빌 것도 많을 것이다.

다른 불교사찰과 마찬가지로 옹화궁에서 맨 처음 마주치게 되는 건물은 천왕전天王殿이다. 여기에는 불교에서 파라다이스로 여기는 수미산의 중턱에 살면서 이 성역의 사방을 지킨다는 사천왕이 험상궂은 얼굴을 하고 버티고 서 있다. 이들은 동쪽의 지국천왕持國天王,

남쪽의 증장천왕增長天王, 서쪽의 광목천왕廣目天王, 북쪽의 다문천왕多聞天王으로, 각각 손에 비파, 칼, 뱀 그리고 탑을 들고 있다. 천왕전의 정면에는 우리에게도 친숙한 미래 부처인 미륵불이 모셔져 있다. 미륵불의 후미, 천왕전 후문 앞에는 황금투구와 갑옷으로 무장하고 손에 금강저를 쥐고 있는 젊은 무사의 모습을 한 불상이 바깥을 향해 서 있다. 불법을 지키는 수호신인 위태韋駄웨이타이이다.

청동으로 만든 수미산이 놓여있는 안뜰을 지나 만나게 되는 두 번째 건물은 삼존불이 모셔져 있는 옹화전雍和殿융허뎬이다. 가운데는 현세의 부처인 석가모니, 왼쪽에는 과거의 부처인 연등불 그리고 오른쪽에는 미래불인 미륵불이 나란히 모셔져 있다. 옆쪽에는 18나한이, 왼쪽 벽에는 관음보살을 그린 그림이 벽에 걸려 있다. 관음보살. 동양의 성모 마리아. 중생의 고충을 들어주는 자비로운 보살. 관음보살은 원래 남성이었다. 이유는 분명치 않지만 중국으로 전래되는 과정에서 여성의 모습을 띠게 되었다고 한다. 세 번째 건물인 영우전永佑殿융유뎬에는 영원한 삶을 뜻하는 무량수불인 아미타불이 모셔져 있다. 그 이름이 말해주듯이 이 부처는 장수하게 해주는 존재란다. 아미타불의 오른쪽에는 약사여래, 왼쪽에는 석가모니불이 모셔져 있다.

2.2. 티베트의 두루마리 탱화 탕카

옹화궁을 둘러보면 티베트 불교는 읽는 불교라기보다는 눈으로 보고 몸으로 느끼는 불교라는 생각이 들 것이다. 옹화궁에서 눈에 띠는 게 하나 있다. 전경통轉經筒이라는 원통이다. 여기에는 경문이 새겨져 있다. 티베트 사람들은 이

전경통을 돌리면서 육자진언六字眞言이라는 '옴마니파메홈' 을 외치면 윤회에서 벗어날 수 있다고 믿고 있다.

옹화궁에는 우리네 절에서는 찾아보기 힘든 독특한 그림이 있다. '탕카' 라고 하는 벽걸이 두루마리 그림이다. 현란한 색채가 보는 이의 시선을 사로잡는다. 강렬하다. '둘둘 말 수 있는 것' 을 뜻하는 티베트어인 탕카는 두루마리 그림이다. 문맹률이 높은 티베트인들에게 불교는 그림으로 설명하는 것이 훨씬 효과적이었을 것이다. 티베트 라마승들은 탕카라는 시각 매체를 통해 사람들에게 부처의 삶과 가르침을 전파했다. 곳곳에 위험이 도사리고 있는 광활한 티베트 초원에서 라마승들은 이 불교의 진리가 담긴 그림을 둘둘 말아서 지니고 다녔다. 그래서 탕카는 '움직이는 제단' 이라고 할 수 있다. 마을이나 성지를 돌아다니며 라마승들은 티베트 사람들에게 이 두루마리 그림을 펼쳐서 그림에 묘사된 신들에 관한 이야기를 들려준다. 수행자는 탕카에 몰입하여 그림에 묘사된 신들과 자신을 동질화함으로써 해탈할 수 있다고 믿었다.

탕카에는 참선하는 데 시각적으로 도움을 주는 보조물 역할 말고도 더 중요한 기능이 있다. 가족 중에 질병이나 죽음 또는 추상적인 장애와 같은 문제가 발생했을 때 탕카를 벽에 걸어두면 자신들을 보호해 주는 힘 같은 것이 이 그림에서 뿜어져 나온다고 생각했다. 그래서 티베트 사람들에게 탕카는 한편으로 부적과 같은 존재였다.

탕카를 감상해보자. 티베트 불교에서 불상은 대체로 적정존寂靜尊, 분노존忿怒尊, 적분존寂忿尊 등 세 가지로 나눠진다. 적정존은 우리네 절에서도 흔히 볼 수 있는 자비로운 모습의 부처이며, 분노존은 간혹 여러 개의 머리와 눈 그리고 팔과 다리가 달린 무섭고 흉악한 모습을 한 부처다. 적분존은 앞두 본존의 중간 형태라 할 수 있다. 탕카에 그려진 본존은 본존이 하나인 경우와 두 본존이 짝을 이루는 두 가지가 있다.

우리가 오른쪽에서 보고 있는 탕카는 수주대흑壽主大黑이다. 여기서 대흑大黑, 즉 대흑천大黑天은 관세음보살이 사악한 중생을 제도할 때 나타나는 관세음보살의 분노존인 '마하칼라'다. '마하'는 위대하다는 뜻이며 '칼라'는 시간이란 의미다. 시간 앞에서 모든 것이 덧없이 사라지기 때문에 죽음의 신을 칼라여신이라고 부른다. 즉 위대한 시간인 마하칼라는 사라져버린 시간과 공간을 뜻한다. 이 대흑천은 온 몸이 푸른색이고 3개의 머리에 6개의 팔, 등 귀로 코끼리의 가죽을 두르고, 5개의 해골로 만든 왕관을 쓰고 있다. 3개의 눈은 과거와 현재 그리고 미래를 한 눈에 보고, 5개의 해골은 5가지 번뇌가 부처의 5가지 지혜로 바뀜을 뜻한다. 손에 뱀을 쥐고 있는 것은 성냄을 다스린다는 뜻이며, 코끼리 가죽을 망토로 두른 것은 나와 남이 다르다는 인식에서 벗어났음을 나타낸다. 또 해골을 왕관으로 쓰고 있는 것은 번뇌를 소멸시켰음을 나타낸다. 마하칼라는 6개의 팔을 휘둘러 중생들의 적인 삼독三毒—탐욕·성냄·어리석음—을 물리친다.

이 대흑천은 환희불의 남자 불상인 불부佛父와 환희불의 여자 불상인 불모佛母가 서로 껴안고 교합하고 있는 형상을 하고 있다. 남자 불상은 지혜를, 여자 불상은 자비를 표상한다. 이 두 본존이 서로 껴안고 교합하고 있는 것은 곧 지혜와 자비의 완벽한 결합을 상징한다. 고대에는 대흑천을 전쟁의 신으로 받들어 제사를 지냈다고 한다. 민간에서는 또한 복을 내리는 신으로 여겨 향불을 올릴 때마다 그 앞에 반드시 음식을 공양했다고 한다.

3. 국자감과 공자 사당

주소: 東城區 國子監街 13號.
교통: 지하철 융허궁雍和宮역 C출구.
개방: 8:30am-5pm.
입장료: 10元.

옹화궁을 나오면 좁은 길 바로 건너에 성현가成賢街청셴졔라고 쓴 편액이 걸린 패루가 우뚝 서 있다. 이름이 재미있다. '어진 사람이 될 수 있는 거리.' 이 패루로 들면 공자 사당과 국자감에 이르는 청셴졔와 궈쯔지엔졔國子監街로 이어진다. 한 길 건너에 있는 떠들썩한 옹화궁과는 대조적으로 매우 한적하고 한가롭다. 게다가 길에 늘어선 회양나무가 만들어 내는 시원한 그늘은 여행자의 마음을 평온하게 해준다. 조금을 걸어가면 길 오른쪽에 국자감 정문이 보일 것이다.

3.1. 국자감 가는 길

1306년에 건립된 국자감은 고대 중국의 최고 교육기관이었다. 국자감을 졸업하면 과거시험을 치르지 않고도 관직을 얻을 수가 있었다. 국자감 정문으로 들어서면 가장 먼저 마주치는 것은 유약을 발라 구운 유리로 된 패루다. 이 아름다운 패루를 지나 바로 정면에 버티고 선 큰 건물은 황제가 왕위에 오를 때

많은 국자감 학생들과 선생들 그리고 조정 관료들 앞에서 유교 경전을 강학講
學했던 벽옹이다. 사방으로 해자를 둥글게 두르고 건물은 네모나게 만들어 놓
았다. 하늘은 둥글고 땅은 네모지다는 중국의 전통적인 공간개념을 반영한 것
이다.

국자감은 2008년 베이징 올림픽 때 세계 각지에서 몰려 올 관광객들을 맞이
하기 위해 대부분이 새로 지은 건물이다. 중앙 축을 이루는 큰 건물 말고 양쪽
으로 늘어선 건물들은 외관만 멀쩡할 뿐 속을 들여다보면 가관이다. 시멘트
포대가 쌓여 있는 것 말고는 아무 것도 없다. 시멘트로 기둥을 세우고 페인트
로 도색한 국자감. 기분이 씁쓸하다.

3.2. 공자라는 사나이

국자감을 나와서 왼쪽으로 돌아 지경문持敬門츠징먼으로 들면 바로 공자 사당
인 공묘孔廟쿵먀오다.

공자孔子(기원전 551년-기원전 479년). 2500년 동안 중국에서 성인으로 추앙받던 사나이. 공자 사당에 들어왔으니 공자 얘기를 좀 해보자. 공자가 살았던 춘추 말은 기존의 사회질서가 무너진 난세였다. 당대의 지식인으로서 그는 난세에 어떻게 대응했을까. 그가 내세운 방안은 종법 중심의 서주(西周 기원전 1045년-기원전 771년)를 이상시대로 보고 그러한 사회로 돌아가자는 것이었다. 그는 이상적인 사회였던 서주의 사회규범인 주례周禮를 강조하고 깨우치는 것을 자신의 사명으로 여겼다. 그는 서주 문화를 수호하고 전승하는 것은 천명에 의해 그에게 주어진 사명이라 생각했다.

자, 그럼 서주와 같은 이상사회를 건설하기 위해 공사가 생각했던 구체적인 방안은 무엇일까. 그는 먼저 통치자가 무력이 아닌 덕으로 백성을 다스릴 것을 강조한다. 덕치德治. 현 난세의 사회적 무질서를 해결하기 위한 이상적인 통치이념이다. 그렇다면 도대체 덕이란 뭘까. 덕은 통치자의 문화적 영향력이다. 공자는 통치자의 덕을 바람에, 그 다스림을 받는 백성을 풀에 비유했다. 풀은 바람이 부는 방향에 따라 쏠리게 마련이다. 바람이 어떻게

부늬에 따라 풀이 잘 자라게 되는 것이다.

'웃찾사' 란 오락프로에 형님 뉴스란 코너가 있었다. '형님' 앵커가 '뉴스가 뉴스다워야지 뉴스지' 란 말로 뉴스를 마무리한다. 명실상부名實相符! 이름과 실재가 서로 부합되는 사회, 좋지 않은가. 그래서 공자는 다음과 같이 외쳤다. "네모난 술잔이 네모나지 않다면 어찌 네모난 술잔이겠는가, 어찌 네모난 술잔이겠는가?" 공자의 유명한 '정명正名' 사상이다. 이름을 바르게 하는 것. 명분을 바로잡아 위계질서를 회복하자는 것이다. 공자는 이름과 현실의 불일치가 바로 서주의 이상적 통치 시스템의 몰락을 가져왔다고 보았다. 공자는 서주의 이상적인 통치체계를 재건하기 위해서는 이 불일치가 없어져야 하며, 이를 위해서는 이름이 바로 잡혀져서 그 본질과 부합되어야 한다고 외쳤다.

공자는 서주의 이상적인 문화를 회복하기 위한 실천방안으로 인仁과 예禮를 제시했다. 공자가 창출해낸 조화 지향적 인간학이다. '仁' 은 人과 二의 합성어다. 두 사람. 인은 그래서 인간관계를 말한다. 사람과 사람 사이의 관계를 어떻게 하는 것이 바람직한가. 공자는 인을 우선 '사람을 사랑하는 것' 이라고 규정했다. 그래선지 서양 사람들은 인을 '휴머니티humanity' 라 번역한다. 사랑으로 인간 상호간의 조화를 이루는 사회를 만들자는 것이 공자의 생각이다. 공자가 한 말 중에 참으로 좋은 말이 하나 있다. '己所不欲, 勿施於人.' 내가 하기 싫은 거 남에게 강요하지 말라는 거다. 남에 대한 배려가 좋은 사회를 만드는 초석이 된다.

사람을 사랑으로 대하라. 좀 막연하다. 그래서 공자가 제시한 또 하나의 방안이 예다. 예는 사회규범이다. 공자가 생각하는 사회는 위계질서가 바로

잡혀 있는 사회다. 천자로부터 백성에 이르기까지 그 상하 관계의 위계질서 그리고 같은 계층에 속하는 구성원들 상호간의 화합과 조화를 어떻게 이루어 가야 하는가. 예라는 사회규범이 이것을 해결해 준다.

3.3. 과거시험에 목숨 걸었던 중국의 선비들

공자 사당에서 우리에게 가장 깊은 인상을 주는 것은 사당 앞뜰에 있는 198개에 달하는 '진사제명비進士題名碑'가 만들어 낸 비석 숲이 아닐까. 원나라와 명나라 그리고 청나라에 이르기까지 과거시험의 최종 단계인 진사시험에 합격한 사람들의 이름을 새겨 놓은 비석들이다. 여기에 자신의 이름이 새겨진 것

은 뽑는 것은 중국의 모든 선비들의 꿈이었으리라. 근데 과거시험을 치르는 것은 그렇게 녹녹하지 않았다. 과거 응시생들은 시험장 안에 있는 몸을 가누기도 힘든 매우 좁은 칸막이에 3일 동안 꼼짝 않고 갇혀 있어야 했다. 갑갑한 비좁은 공간에 갇혀 무겁게 짓누르는 엄청난 스트레스를 이겨내지 못하고 죽거나 미쳐버리는 사람들도 많았다고 한다.

중국의 과거시험은 유교경전이 중심이다. 그래서 일찍부터 유교경전을 공부해서 과거시험을 통해 관리가 되기를 꿈꾸는 정치 지망생인 이른바 유생儒生이란 지식인 계층이 형성되었다. 왜 유교일 수밖에 없었을까. 유교는 중국의 통치자들에게 안정과 번영을 구가하는 통일된 국가의 중앙집권적 통치를 지향하는 정치학이었기 때문이다. 중국이 그 오랜 세월을 하나의 국가로 지속해 올 수 있었던 건 바로 유생들이 있었기 때문이다. 이들이 과거시험을 통해 관료 조직의 일원으로 진출하여, 유교라는 통일된 의식으로 무장한 관료의 네트워크를 형성하여 중앙과 지방을 하나로 연결했기에 중앙집권적 통치의 지속이 가능했던 것이다.

유생들에겐 한 가지 공통된 꿈이 있었다. 공자가 주장했던 이상적인 정치 시스템을 이 세상에 구현하는 것이다. 꿈을 실현시키기 위해서는 과거시험에 통과하여 관리가 되어야 한다. 중앙의 관료가 되어 왕을 보필하여 이 '천하세계'를 유교 이념을 통해 교화하는 것이 그들의 사명이고 꿈이었다. 과거시험의 최고 단계인 진사에 합격하면 부와 명예가 보장되었다. 과거에 급제하는 것은 가문의 영광이었다. 가족 중에 한 사람이 과거에 급제하여 관리가 되면 온 집안 식솔들이 3대를 배불리 먹고 살 수 있는 부를 축적할 수 있었다. 중국의 선비들이 과거시험에 목 매지 않을 수 없었다.

3.4. 헐크들이 쓴 중국문학

세상일이란 게 마음먹은 대로 안 될 때가 더 많다. 왕을 도와 이 세계를 교화해 보겠다는 부푼 꿈을 안고 열심히 공부했건만 이 세상이 날 알아주지 않는다. 세상은 이러한 사람을 '불우' 한 문인이라고 한다. 불우不遇. 무언가를 만나지 못했다는 뜻이다. 자신을 채찍질하며 열심히 학문을 연마했건만 자신의 능력을 발휘할 수 있는 시대를 만나지 못했고, 자신을 진정으로 알아주는 군주를 만나지 못했다는 것이다. 왕을 보좌하여 이 세계를 교화하기에 충분한 역량과 고매한 인격을 갖추었건만 세상이 알아주지 않으니 답답하고 억울하기도 했을 것이다. 울분이 쌓이면 미쳐 버린다. 미치지 않고서는 이 세상을 살아갈 수 없을 것 같다. 중국의 수많은 불우한 문인들은 그들의 광기狂氣를 글로 풀었다. 그래서 중국문학은 불우한 문인들이 쓴 광기의 역사라 할 수 있다. 자신의 광기를 글로 푼 중국의 문인 가운데 이백李白(701-762)이란 천재 시인이 있다. 그에 관한 얘기를 한 번 해보자.

이백은 지금의 중앙아시아 북부에 있는 키르기스스탄에서 태어나 쓰촨에서 성장했다. 청년시절 이백은 견문을 넓히기 위해 양자강을 따라 내려가며 명승지를 찾아다녔고 당대의 많은 문인들과 교유했다. 그는 다른 시인들과 달랐다. 정치와 문학의 중심지인 창안長安 바깥에서 나고 자란 이백은 아웃사이더였다. 그에게는 남들이 갖고 있던 그 흔한 사회적 배경이 없었다. 아무리 책을 많이 읽고 재능이 뛰어나도 창안의 '터줏대감' 들은 이백을 알아주지 않았다. 이백은 왕따였다. 이백은 2년 동안 창안의 궁궐에서 현종과 양귀비의 총애를 받으며 호사로움을 맘껏 누렸다. 그렇다고 현종이 이백의 재능을 인정해서 그를 관리로 발탁한 것도 아니었다. 다만 이백의 문학적 천

개성이 필요했을 뿐이다. 현종과 양귀비는 술이 얼큰해지면 이백을 불렀다. 그에게 주제를 던져주어 시를 짓게 했다. 시가 그냥 나오는가. 이백은 술을 몇 잔 기울이면 그 즉시 시가 쏟아진다. 그는 곰곰이 생각지도 않는다. 술에 취해 시가 술술 나온다. 이런 천재가 어디에 있나.

임금의 곁에 있었지만 이백은 항상 외로웠다. 자신은 그저 현종과 양귀비의 쾌락을 만족시켜 주는 '광대'였다. 이백은 달을 무척 사랑했다. 그가 쓴 달에 관한 시 한 수를 읽어보자. 〈달 아래 홀로 술잔을 기울이며 月下獨酌〉란 유명한 시다. 이 시를 읽노라면 그가 왜 달을 좋아했는지 이유를 알게 된다. 시를 천천히 읽어보라.

花間一壺酒　꽃밭에 앉아 술 한 병 앞에 놓고
獨酌無相親　친구도 없이 혼자 술을 마신다.
擧杯邀明月　술잔 들어 달 보고 합석하라 불렀으니
對影成三人　내 그림자까지 합쳐 세 사람이구나.
月旣不解飮　달은 술 마실 줄 모르니
影徒隨我身　그림자만 날 따라한다.
暫伴月將影　잠시 달과 내 그림자 함께 하는
行樂須及春　즐거움, 봄이 다 할 때까지 가리라.
我歌月徘徊　내가 노래 부르니 달은 서성이고
我舞影零亂　내가 춤 추니 그림자는 비틀댄다.
醒時同交歡　술 취하기 전엔 함께 즐거움 누리고
醉後各分散　술 취한 뒤엔 각자 뿔뿔이 흩어지리라.
永結無情遊　영원히 인간세상 밖으로 노닐어
相期邈雲漢　머나먼 은하수에서 함께 만나자꾸나.

2

이 시를 읽노라면 이백의 외로움을 느낄 수 있다. 세상으로부터 소외된 왕따. 타고난 천재에다, 중앙아시아에서 태어난 그다지 좋지 않은 이력을 극복하기 위해 공부는 또 얼마나 열심히 했겠는가. 그런데 아무도 날 알아주지 않는다. 미치지 않고는 살 수 없다. 그래서 이백의 시에는 항상 달과 술이 따라 다닌다. 유일하게 밝은 달만이 이 외로운 시인의 벗이 되어 주었고, 술에 취해 모든 것을 잊어버리지 않으면 미쳐 버릴 것 같다. 호방함으로 가려진 외로움. 슬픈 천재시인 이백.

국자감 정문을 나오면 길 건너편에 아담한 찻집이 하나 있다. 유현관留賢館류셴관. 어진 사람들이 머무는 곳이라. 이름이 참 근사하다. 중국의 베이징 가이드 북에서 추천하는, 베이징에서도 유명한 찻집이다. 궈쯔지엔졔國子監街 28호. 이 찻집의 주소다. 찻집의 분위기가 조용하고 고풍스럽다. 옹화궁과 공자 사당을 돌아보고 이곳에 들러 차 한 잔 마시며 한적함을 즐겨봄도 좋을 듯하다.

베이징에는 자전거가 많다. 베이징만 그런 게 아니고 중국 전체가 다 그렇다. 중국은 실로 자전거 천국이다. 어느 길을 가든 자전거 전용도로가 있으며, 자전거 보관소와 수리점이 곳곳에 있는, 중국은 자전거를 타고 다니기 편한 나라다. 언제부터 베이징 사람들이 자전거를 애용했을까. 이들이 자전거를 타기 시작한 것은 1950년대부터였다.

1949년에 베이징에는 2백대가 채 넘지 않는 버스가 다녔다. 버스를 대중교통으로 이용하기에는 그 수가 부족했다. 낙타와 당나귀가 거리를 활보하고 다녔던 시기였다. 부족한 버스보다 대중적인 교통수단은 인력거였다. 그 당시 베이징에는 2만 명이 넘는 인력거꾼들이 있었다. 좁은 후통을 누비고 다니기에 인력거보다 편한 게 없었던 거다.

1949년부터 베이징 시정부는 도로를 확장했고, 1952년 말에는 버스의 수가 372대로 늘어났다. 베이징의 공간구조가 바뀌기 시작한 것이다. 새로이 건설된 베이징에 맞지 않게 된 인력거는 사라지기 시작했다. 인력거는 사라졌고 택시는 아직 등장하지도 않았고, 자동차는 고위간부들이나 타고 다녔던 이 시기 베이징 서민들에게 자전거보다 더 매력적인 교통수단은 없었다. 자전거의 수가 기하급수적으로 늘어나기 시작했다. 자전거는 베이징 사람들에게 다목적으로 쓰였다. 직장이나 학교 또는 가게를 오갈 때 이보다 편한 게 없었다. 그러나 자전거 또한 당시에는 사치품이었다. 몇 달치 봉급을 꼬박 모아야만 살 수 있는 고가의 상품이었다. 공급도 달렸다. 자전거 도둑이 극성을 부렸다.

타이베이에 가보면 가장 깊은 인상을 받는 것 중에 하나가 오토바이가 너무나 많다는 거다. 대부분이 스쿠터다. 타이완은 스쿠터를 타고 돌아다니기 편한 나라다. 중국은 급속도로 경제가 향상되고 있다. 중국도 이젠 스쿠터가 자전거를 대신할 시기가 아닌가 생각해 본다. 근데 경제가 나아졌는데도 불구하고 중국에서 스쿠터 보기가 힘들다. 중국은 지금 스쿠터를 뛰어넘어 곧바로 마이카 단계로 진입하고 있다. 타이완과 비교되는 흥미로운 문화현상이다.

4. 바오리예술박물관

주소: 東城區 朝陽門北大街 1號 新保利大廈.
교통편: 지하철 둥쓰스탸오역東四十條역.
개방: 월-토 9:30am-4:30pm.
입장료: 50원.

바오리예술박물관保利藝術博物館, 보리기업保利集團바오리지퇀이란 기업이 투자하여 건립한 박물관이다. 지하철 둥쓰스탸오역 D출구 바로 앞에 있어 교통이 편리하다. 입장료가 50원이다. 고궁박물원이 60원, 베이징이 심혈을 기울여 최근에 개관한 거대한 수도박물관의 입장료가 30원인 것에 비하면 면적이 수도박물관의 10분의 1밖에 되지 않는 이 자그마한 박물관의 입장료가 50원인 것은 엄청나게 비싼 것이다. 그만큼 볼만한 것이 많다는 이야기다. 작지만 중국에서 가장 뛰어난 컬렉션 가운데 하나다. 꼭 들러보길 권한다.

　바오리지퇀은 애국심에 충만한 기업인가 보다. 이 기업은 국외로 빠져나간 중국의 문화재를 사들여 다시 중국으로 가져오는데 돈을 아끼지 않는다. 박물관에 전시된 문화재가 모두 빼어난 걸작들이다. 박물관이 자랑하는 소장품은 청동기와 석불 컬렉션이다. 기원전 16세기 상나라 때부터 시작하여 9세기에 이르는 150여 점의 청동기와 중국에서 불교가 가장 성행했던 5세기부터 8세기의 석불 40여 점을 전시하고 있다. 시대별로 분류하여 청동기와

서블의 발달과정을 쉽게 이해할 수 있다.

그리고 이 박물관에서 1860년에 영불 연합군이 원명원에서 떼어간, 십이지를 구성하는 열 두 동물들의 머리 조각상 가운데 소, 호랑이, 원숭이 그리고 돼지 조각상을 발견할 수 있다. 원명원의 서양루西洋樓시양러우에서 시간이 되면 머리에서 물이 뿜어져 나와 물시계 구실을 했던 이 아름다운 열 두 동물의 머리 조각상들은 바로 중국의 국보였다. 이것을 유럽 열강들이 약탈해갔으니 중국으로서는 치욕적인 일이다.

이 치욕을 씻고자 애국심에 투철한 기업이 세계 미술 경매시장에서 거액을 들여 그 가운데 4개를 되찾아 와서 자랑스럽게 전시해놓았다. 잃었던 국력을 회복했음을 보여주고 싶은 거다.

원명원의 서양루를 장식했던 원숭이 머리 조각상. 국외로 유출되었던 것을 바오리기업이 거금을 들여 다시 가져와 그들의 박물관에 갖다 놓았다.

5. 도교사원 동악묘

주소: 朝陽區 朝陽門外大街 141號.
교통: 지하철 차오양먼朝陽門역.
개방: 화-일 9am-4:30pm.
입장료: 10원.

바오리예술박물관을 나와 바로 앞 둥시스탸오역에서 지하철을 타고 한 정 거장만 가면 차오양먼역이다. 다음 코스인 동악묘東嶽廟둥웨먀오가 버스로 두 정거장 거리에 있다. 가까운 거리니 걸어가도 괜찮고, 아니면 버스나 택시 그것도 아니면 삼륜차를 타고 가보자.

동악묘는 차오양먼와이다졔朝陽門外大街라는 큰 길 바로 가에 있다. 길 건 너편에 커다란 녹색 유리패루가 우두커니 서 있다. 명나라 말 때 환관들이 돈을 모아 세웠다고 한다. 4백 여 년의 오랜 역사를 지닌 패루다. 도교 사원 과 유리패루. 온통 현대식 빌딩들로 뒤덮여 있는 거리에 옛 건축이 길 양쪽 에 서 있는 것이 생뚱맞아 보인다. 패루에 걸려 있는 편액에 쓴 '질사대종秩 祀岱宗'은 명나라때 유명한 간신인 엄숭嚴嵩의 글씨다.

둥웨東嶽는 중국 5대 명산의 하나인 산둥성에 있는 태산泰山을 이른 다. 동악묘는 태산의 신인 동악대제東嶽大帝에게 제사를 올리는 도관道觀이다. 1323년 원나라 때 처음 세워졌으니 7백년에 가까운 역사를 갖고 있다. 동악묘는 명나라와 청나라 황제들이 매우 중시

하여 역대로 황실의 후원을 받았다.

　불교 사찰에는 사천왕이 있듯이 도교사원에도 수호신이 있게 마련이다. 동악묘에는 헝하얼쟝이란 호법신이 있다. 룽후얼쟝龍虎二將이라고도 한다. 헝쟝은 손에 창을 들고 있고 하쟝은 도끼를 들고 있다. 전설에 따르면 이 두 장군은 적을 제압하는 절초가 있다고 한다. 헝쟝은 코로 한 번 '허엉' 하면 두 줄기의 흰 빛이 발사되어 적의 혼백을 빨아 들인다고 하고, 하쟝은 입을 한 번 크게 '하야' 하고 벌리면 노란 기운이 뿜어져 나와 적을 혼비백산하게 만든다고 한다.

　　동악묘는 신상神像이 많기로 유명하다. 이 도관에는 3천여 개의 신상이 있다. 그 이름값을 한다고 동악묘에는 옛 중국인들이 태산에 있다

고 여겼던 명부冥府의 세계, 즉 동악대제의 관할 아래 인간의 선악화복, 인과 응보, 생사윤회 등을 주관하는 신들, 죽은 망자의 죄를 심판하는 판관, 저승 사자, 저승에서 죄인을 다스리며 고통을 주는 귀졸鬼卒 그리고 저승으로 끌려간 죽은 망자들의 모습을 실물 크기로 재현해 놓았다. 매우 인상적이다.

우리는 집안에 누군가 죽으면 '돌아가셨습니다'라고 말한다. 사람이 죽는 것을 왜 돌아가셨다고 말하는 것일까. 사람이 죽으면 돌아가는 곳이 있단 말인가. 사람의 영혼에 관해 이야기를 좀 해보자. 고대 중국인들은 사람의 영혼이 혼과 백 둘로 나눠져 있다고 생각했다. 음양으로 따져볼 때 양에 속하는 혼魂은 사람의 정신적인 측면을 지배하고, 음에 속하는 백魄은 감각기관을 통제한다. 고

대 중국인들은 사람이 죽으면 이 두 영혼이 분리된다고 생각했다. 양에 속하는 혼은 죽은 자의 육신을 떠나 하늘로 올라가고, 음에 속하는 백은 육신에 남게 된다는 것이다. 서로 떨어진 영혼이 다시 합치게 되면 살 수 있다는 생각에 사람이 죽으면 가장 먼저 하는 일은 육신을 떠난 혼을 다시 부르는 것이다. 이것을 초혼招魂의식이라고 한다. 혼을 불러도 다시 올 리가 없다. 두 영혼이 완전히 분리되었다고 생각되면 죽음으로 인정했다.

죽은 망자의 몸을 떠난 혼은 하늘신이 거주하는 파라다이스를 향해 먼 여행을 떠난다. 중국인들은 혼이 향해 가는 파라다이스가 태산에 있다고 생각했다. 태산은 하늘에 가장 가깝게 다가갈 수 있는 성스러운 산이었다. 중국인들은 태산과 같은 성스러운 산을 신이 사는 하늘의 세계와 지상의 인간세상 그리고 지하의 황천을 하나의 축으로 연결하는 공간이라 여겼던 거다. 중국인들은 낭만적인 생각을 했다. 죽은 이의 육신을 떠난 혼과 육신에 남은 백이 이 성스러운 산에서 언젠가 다시 만나 결합할 수만 있다면 저승에서라도 좋은 삶을 누릴 수 있다고 여겼다. 그런데 사람이 죽자마자 혼은 떠나버리니 어쩔 수 없고, 육신에 남은 백을 잘 관리해줘야 언젠가 두 영혼이 다시 만날 수 있다. 이 백이란 영혼은 예민해서 어떤 주어진 조건들을 만족시켜 주지 않으면 한 치의 망설임 없이 망자의 육신을 떠나 버린다. 백을 망자의 육신에서 떠나지 않고 계속 남아 있게 하는 방법이 두 가지 있다. 하나는 매장을 잘하는 것이고 나머지 하나는 죽은 이의 후손들이 제사를 정성스럽게 지내는 것이다. 옛 사람들이 풍수를 따져 명당자리에 묘 자리를 찾고, 조상의 제사에 열심인 이유가 여기에 있다.

백이 육신을 떠나지 못하도록 하기 위해서는 시신이 썩지 않게 해야 한다. 시신을 썩지 않게 하기 위해 나온 것이 미이라다. 우리나라에서도 미이라가 발견되었다는 보도를 언젠가 TV에서 본 적이 있다. 중국인들은 시신을 썩지 않게 하는 방법을 강구했다. 중국인들이 좋아하는 옥이 그 해답이다. 고대 중국인들은 옥이 정화의 기능을 갖고 있다고 여겼다. 옥으로 시신이 썩지 않게 함으로써 백이 죽은 이의 육신을 떠나지 않게 할 수 있다고 믿었다. 이런 생각이 반영된 것이 옥으로 만든 수의다. 허베이성박물관에는 한무제의 이복형인 유승劉勝(기원전 113년 졸)이 입고 있던 수의가 소장되어 있다. 이 정교하게 만든 수의는 2,498개의 작은 네모난 옥 조각들로 이루어 졌다. 그리고 유승의 몸에서 공기가 통하는 구멍이 있는 부분들도

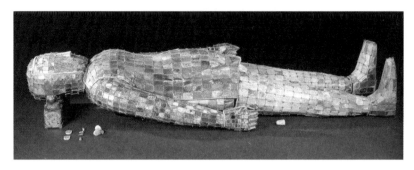

옥돌로 밀폐했다. 이처럼 옥을 통해 백을 온전히 보존하면 언젠가 육신을 떠났던 혼과 다시 만날 수 있다. 근데 백이 어떻게 혼과 만날 수 있을까. 혼은 하늘로 날아서 태산으로 갔지만, 땅속 무덤에 있는 백은 지하통로를 통해 태산으로 돌아간다. 이 지하통로를 황천이라고 한다.

　동악묘에서 유난히 우리의 시선을 끄는 것이 있다. 이 도관을 온통 붉게 물들인 '푸파이福牌'와 그것들을 수없이 매달아 놓은 '푸루福路'다. 우리네 불교 사찰에서도 이런 모습을 쉽게 볼 수 있다. 섣달 그믐날 밤이면 절에서 제야의 종이 울리기를 기다리며 새해의 복을 비는 내용을 종이에다 적어다가 새끼줄에다 매다는 것이다. 동악묘를 나오면서 중국 사람들이 매달아 놓은 푸파이를 유심히 살펴보라. 도대체 그들은 무엇을 빌고 있을까. 우리와 별반 차이가 없다. 사람 사는 게 별다를 것이 있겠는가. 가족들 모두 건강하고 행복하면 그만 아닌가.

6. 고관상대

주소: 東城區 東□俵精胡同2號
교통편: 지하철 지엔궈먼建國門역
개방시간: 수-일. 9am-4:30pm(하계),
9am-6pm(나머지 기간).
입장료: 15원

동악묘에서 나와 왔던 길을 되돌아가서 차오양먼역에서 지하철을 타고 다시 한 정거장을 더 내려가면 지엔궈먼建國門역이다. C출구를 나오면 정면에 고관상대古觀象臺구관상타이가 위용을 자랑하며 버티고 서 있을 것이다. 참으로 조용한 곳이다.

6.1. 하늘의 아들

꼴을 관찰하는 누대. 관상대觀象臺는 천문을 관측하는 곳이다. 천문天文은 하늘의 무늬다. 중국의 황제에게 하늘의 무늬를 관찰하고 해석하는 일은 매우 중요했다. 왜. 역대로 중국의 통치자들은 '하늘의 아들' 천자임을 자처했다. 하늘의 신인 천제天帝를 대신하여 지상을 다스리는 자란 것이다. 그래서 그에게 하늘이 자신의 통치를 어떻게 생각하고 있는지 파악하는 것은 그가 권력을 유지하는 데 매우 중요했다. 지상의 통치자에 대한 자신의 의사를 직접적으로 표명할 수 없는 하늘의 신은 징조를 통해 간접적으로

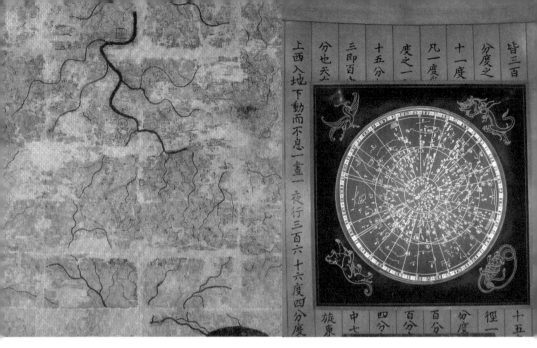

한대 고분에서 출토된 〈지형도〉(좌) / 고관상대 전시실에 있는 천문도(우)

천문도

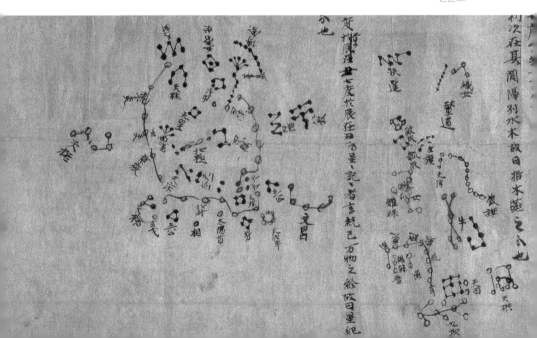

의사를 표명했다. 하늘의 무늬는 이러한 징조의 대표적인 예이다. 일식이나 월식 그리고 혜성 같은 천문 현상은 무언가 변화를 예고하는 불길한 징조로 해석되었다. 하늘의 신이 지상의 통치자인 천자에 대해 부정적인 생각을 갖고 있다는 거다. 이러한 현상으로 예고되는 변화는 천명이 다른 이에게로 옮겨갈 수도 있음을 뜻했다. 그래서 천자에게 하늘의 무늬를 관찰하는 것은 엄청나게 중요한 일이었다. 고대 중국에서 관상대가 존재했던 근본적인 이유가 여기에 있다. 백성을 잘 다스리면 하늘을 두려워할 필요가 없다.

6.2. 하늘의 무늬를 관찰하는 사나이

천자를 대신하여 하늘의 무늬를 관찰하고 해독하는 임무를 수행했던 무리들이 있었다. 중국의 역사를 기록하는 사관이다. 중국의 역대 사관들 가운데 가장 유명하고 대표적인 인물은 한무제 때 사관들의 수장이었던 사마천 司馬遷(대략 기원전 145년-기원전 86년)이다. 그는 《사기史記》라는 중국 통사를 저술했지만 당시 역사를 기술하는 것이 사관의 주된 임무는 아니었다. 그보다 중요한 일이 있었다. 왕을 위해 제사를 비롯한 궁중의 모든 의례를 주관하는 것과 천문을 관측하는 일이다. 하늘을 관찰하는 것은 위에서 언급한 하늘 신의 마음을 파악하는 것 이외에 또 다른 목적이 있었다. 하늘의 무늬를 관찰하여 다음 해의 기후를 예측하는 것이다. 이를 토대로 사관은 백성들이 농사짓는데 필요한 책력을 만든다. 한 해가 저물

이길 무렵 이 책력을 왕에게 바치면 왕은 새해 이침에 이것을 다시 백성들에게 나눠 준다. 이것을 보고 백성들이 농사를 짓는 것이다. 책력을 보고 그대로 농사를 지었는데 그 농사를 망치게 되면 백성들은 그 책임을 왕에게 물었다. 심지어 왕을 시해하는 경우도 있었다. 사관이 책력을 만드는데 신중을 가하지 않을 수 없었다.

6.3. 코쟁이 선교사에게 하늘의 관찰을 맡긴 '하늘의 아들'

유럽의 선교사들이 중국인들에게 포교를 목적으로 접근하기 위해 사용한 도구는 중국보다 앞선 그들의 과학이었다. 중국의 황제들은 예수회 선교사들에게 무척 관대했다. 그들이 중국의 학자들보다 월등한 수학과 천문학에 관한 지식을 갖고 있었기 때문이다.

예수회 선교사들은 요하네스 케플러Johannes Kepler(1571-1630)와 같은 천문학자들의 축적된 업적에 힘입어, 그동안 중국에서 사용해온 역법 추산방식보다 훨씬 정확한 계산법을 도입할 수 있었다. 그리하여 1645년에 독일인 예수회 선교사인 아담 샬 폰 벨Adam Schall von Bell(1591-1666)이 베이징에 있는 황실 천문대의 소장에 임명되었다. 아담 샬 신부는 1650년 순치제(재위 1643-1661)로부터 베이징 최초의 교회를 열 수 있도록 허락을 받았으며, 훗날 강희제(재위 1662-1722)의 스승의 반열에 들게 된다. 모두가 그의 과학 지식 덕분이었다.

예수회 선교사들의 정확하고 과학적인 연구방법에 대해 황실의 중국인 천문학자들은 시기와 적대감을 드러냈다. 1668-1669년 사이에는 수학을 관장하는 부서에 있던 벨기에 출신의 신부 페르디난트 페르비스트Ferdinand

Verbiest(1623-1688)와 이슬람교로 개종한 중국인 양광선楊光先(1597-1669) 사이에 갈등을 빚는 일이 일어났다. 결국 양광선은 아담 샬을 내쫓고 황실 천문대의 소장이 되었지만 역법 추산에 실패하는 바람에 추방당하고, 그 뒤를 이어 페르비스트가 소장의 자리에 오른다.

책력에 관심이 많았던 강희제는 페르비스트를 자주 찾았다. 페르비스트는 강희제에게 중국인 천문학자들이 책력 계산에 있어 중대한 실수를 어떻게 범했는지를 알기 쉽게 설명했다. 결국 강희제는 이미 선포한 책력을 수정하라는 명을 내렸다. 자신들의 과학으로 승리를 거둔 예수회 선교사들은 그들이 오랫동안 요구해 온 기독교 허용 칙령의 반포를 이끌어 냈다. 천문대 책임자로서 페르비스트는 자신의 능력을 다하여 수학을 강의하고 새롭고 정확한 기구들을 제작했다. 그가 1674년에 강희제의 요구에 따라 제작한 천문 관측기구들이 현재 이 관상대에 전시되어 있다. 강희제는 페르비스트의 가장 열성적인 제자 중 한 사람이었다. 페르비스트는 그에게 서양의 과학을 가르치기 위해 매일같이 황궁을 방문했다. 서양의 선교사들은 1838년까지 황실 천문대의 책임을 맡았다. 아이러니한 것은 서양 선교사들이 중국의 하늘을 책임지던 이 시기에 세계의 힘의 중심이 중국에서 유럽으로 기울기 시작했다는 사실이다.

7. 판쟈위안

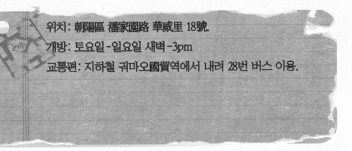

위치: 朝陽區 潘家園路 華威里 18號.
개방: 토요일-일요일 새벽-3pm
교통편: 지하철 궈마오國貿역에서 내려 28번 버스 이용.

판쟈위안쥬훠스창潘家園舊貨市場은 주말에만 문을 여는 골동품, 정확하게 말하면 골동품 같이 '생긴' 물건들을 파는 시장이다. 베이징 여행기간에 주말이 끼여 있다면 꼭 들러보기를 권한다. 온갖 물건을 다 판다. 청동기로부터 자기, 티베트 불교의 탕카라는 두루마리 그림, 자기로 만든 인형, 피잉시皮影戲라는 그림자 연극에 쓰이는 도구, 다기, 불상, 가면, 옛 가구, 검 등등.

또 어떤 코너로 들어가면 문화대혁명 기간에 중국에서 흔히 볼 수 있었던 온통 붉은 색으로 얼룩진 선전 포스트, 마오쩌둥과 레닌 그리고 스탈린의 사진, 헌 책과 잡지 등 없는 게 없다.

정말 진풍경이 펼쳐진다. 골동품뿐만 아니라 사람 구경하는 재미도 솔솔하다.

음식천하 베이징. 베이징은 '천하'의 음식이 다 모여 있어 온갖 별난 음식들을 체험할 수 있다. 베이징은 또한 위치상으로 유목문화와 농경문화가 교차하는 곳이라 이 두 문화의 퓨전음식이 일찍부터 자리 잡았다. 몽골의 샤브샤브 훠궈火鍋, 위구르족의 양 꼬치구이 양러우촨羊肉串 등등. 특히 베이징의 갖가지 면류, 얇은 만두피로 만든 만두국이라 할 수 있는 훈툰, 바오쯔包子, 물만두인 쟈오쯔餃子와 같은 밀가루 음식은 중국에서도 타의 추종을 불허한다. 오늘 아침은 또 무엇을 먹어볼까. 아침마다 일어나는 것이 즐거울 것이다.

아침 일찍 일어나 바깥을 나가보라. 진풍경이 펼쳐진다. 베이징 사람들의 아침 문화를 물씬 느껴볼 수 있다. 중국은 간단하게 아침 식사를 할 수 있는 식당이 많다. 메뉴도 다채롭고 가격 또한 저렴하다. 거리를 걷다보면 어떤 식당에서는 사람들이 식당 앞 노상에 펼쳐놓은 작은 테이블에 옹기종기 모여 앉아 순두부인 더우푸나오豆腐腦와 유탸오油條를 먹고, 시간이 없는 사람은 빙餠이라는 중국식 떡 같은 것을 사가지고 출근한다. 이러한 간이식당엘 한 번 들어가 보라. 테이블 세 개 정도 놓여 있는 아주 조그마한 식당의 주방에서 일하는 사람이 무려 서너 명이나 된다. 주문한 음식을 기다리며 주인아저씨의 밀가루를 빚는 모습을 보는 것 또한 즐거움이다. 밀가루 빚는 솜씨는 정말 예술의 경지에 이르렀다. 이러한 허름해 보이는 식당에서 훈툰을 경험해 보라. 얇고 작게 만든 귀엽게 생긴 만두피로 만든 만두국. 순박하게 생긴 주인 아줌마는 거기에다 부순 김과 샹차이香菜를 듬뿍 뿌려 준다. 만두국이라기보다는 따뜻한 스프를 먹는 느낌이다. 훈툰은 달리 윈툰雲吞이라고도 쓴다. '구름을 삼키다'란 뜻이다. 참으로 재미난 해석이다. 훈툰에서 모락모락 피어나는 '구름'을 삼켜보라. 색다른 경험이 될 것이다.

베이징에서 아침 식사로 으뜸은 아마도 죽이 아닐까. 중국인들은 아침에 죽과 함께 바오쯔를 곁들여 먹는다. 한국에도 죽 전문점이 많이 생겼지만 중국처럼 아침을 편리하고 부담 없이 먹을 수 있는 곳은 없을 것이다. 호박죽, 녹두죽, 흑미죽 등. 모두 몸에 좋은 웰빙 음식이다. 죽을 먹으면 속이 편안하다. 그래서 살도 빠진다.

798 예술구 ★ 3

코스

798예술구藝術區

현대 대표작가들

갤러리 사이트

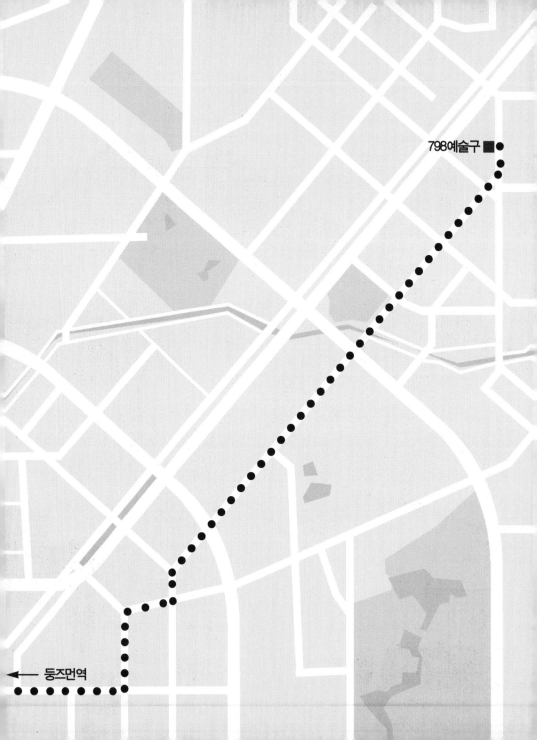
798예술구

둥즈먼역

⭐ ③ 다산쯔 798예술구

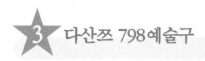

다산쯔大山子 798예술구藝術區이수취는 베이징의 북동부에 자리 잡고 있다. 지도를 보면 둥즈먼東直門역에서 가깝다. 중국인들보다 외국인들이 더 많이 찾는 곳이라서 그런지 택시 기사도 헤맨다. 몇 번이나 택시에서 내려 길을 묻고서야 798예술구를 찾을 수 있었다. 차라리 속 편하게 지하철과 버스를 이용하는 것이 나을 수 있다. 세계적으로 유명한 예술촌은 쥬셴챠오루酒仙橋路 큰 길에서 샛길로 조금 들어가야 한다.

다산쯔 798예술구

위치: 朝陽區 酒仙橋路 大山子798藝術區
교통편: 지하철 둥즈먼東直門역에서 401, 915, 918, 934, 955
번 버스를 타고 다산쯔大山子에서 하차.
개방시간: 10:30am~7pm
대표 사이트 http://www.798.net.cn/daoyoutu.htm

뉴욕의 소호Soho를 닮았다고 하여 베이징의 소호라고 일컬어지는 다산쯔
798예술구는 마오쩌둥과 덩샤오핑의 시대에는 군수공장이 들어서 있었다.
방위산업이라 공장 이름을 숫자로 표기했던 것이다. 그래서 이곳의 원래 이
름은 798궁창工廠이었다. 공장 건물들은 50년대 말 옛 동독 기술자들이 지었
다. 1990년대 초반에 재정난으로 여러 공장들이 생산을 중단했고, 이곳에서
일하던 노동자들의 60%가 일자리를 잃었다.

부동산업자들이 눈독을 들이기 전, 이 버려진 공장의 넓은 공간과 저렴한
임대료는 1983년부터 1993년까지 원명원 부근에 모여 살고 있던 가난한 아
방가르드 예술가들에게 매력을 끌기에 충분했다. 예술가
들이 하나둘씩 모여들어 공장을 작업실로 개조하
면서 자연스럽게 798궁창은 베이징의 예술촌
으로 변모하기 시작했다. 예술가들을 뒤따
라 갤러리가 들어서고 곧이어 카페와 음식
점이 생겨났다. 798예술구를 걷노라면 아

직도 곳곳에서 공장 건물을 갤러리나 작업장 또는 카페로 개조하는 공사가
한창이다. 798예술구는 120여 곳의 갤러리와 작가의 작업실, 카페, 서점이
몰려 있는 예술촌이다.

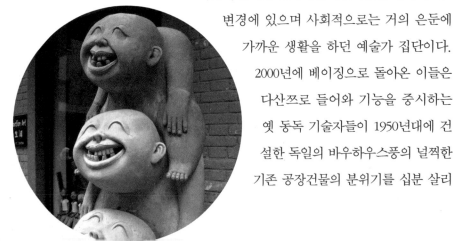

이곳에 몰려든 보헤미안 예술가들은 정치적으로
변경에 있으며 사회적으로는 거의 은둔에
가까운 생활을 하던 예술가 집단이다.
2000년에 베이징으로 돌아온 이들은
다산쯔로 들어와 기능을 중시하는
옛 동독 기술자들이 1950년대에 건
설한 독일의 바우하우스풍의 널찍한
기존 공장건물의 분위기를 십분 살리

면서 갤러리와 작업실로 근사하게 개조했다. 이제 이곳 다산쯔 798예술구
는 국내와 외국에서 몰려든 아방가르드 화가, 조각가, 사진작가, 패션 디자
이너, 작곡가, 실험적인 행위예술가 그리고 작가들로 들끓는다.

　중국 현대미술이 세계의 주목을 받기 시작한 것은 1989년 6.4 천안문 사태
이후부터다. 천안문 사태 때 투옥된 후 1990년에 파리로 건너간 왕두王度
(1956년 생) 등 당시 중국 공산당에 저항하다가 국외로 도피하여 활동했던 중
국 아방가르드 해외 망명파들에 의해 해외에 알려지기 시작했다. 이어 99년
베니스 비엔날레에 중국 작가 21명이 대거 초청되면서 중국 현대미술은 세
계의 주목을 받기에 이른다. 2000년대 들어 중국 경제가 급성장하면서 재력
이 커진 화교들이 국제 미술품 시장에 중국 붐을 일으킨 것도 한몫했다.

　798예술구를 점유하고 있는 작가들은 주로 아방가르드 작가들이다. 1989

년 6.4 천안문 사태 때 받은 충격을 작품 속에 담아내기 시작한 작가들이다. 세계 미술시장에서 중국 아방가르드 국내파 4인방이 주가를 올리고 있다. 1989년 6월4일 베이징의 천안문광장에서 철야 연좌시위를 벌이던 학생, 노동자, 시민들을 정부가 계엄령을 동원해 탱크와 장갑차로 해산시키면서 발포, 많은 사상자를 낸 천안문 사태 그리고 천안문 사태 이후 베이징 서쪽 교외의 원명원 지역에 화가들을 중심으로 모여 살던 반체제 지식인들을 1996년 중국 정부가 강제 해산시켰던 원명원 사태를 겪으면서도 국내에 남아 꾸준히 활동해 온 작가들이다. 그들은 다소 고립된 환경에서 작업에 몰두하여 독특한 화풍을 확립했다. 인권탄압의 대표적 사례로 원명원 사태가 서구에 알려지면서 중국 작가들은 해외의 화랑과 미술관의 조명을 받기 시작했다.

1. 왕광이의 '대비판' 시리즈

왕광이王廣義(1957년 생)는 현대 중국 아방가르드 국내파 중 최근 세계 미술시장에서 가장 잘 팔리는, 이른바 국내파 4인방—왕광이, 장샤오강張曉剛, 웨민쥔岳敏君, 팡리쥔方力鈞—의 한 사람이다. 왕광이의 1988년작 "Mao Zedong: AO"는 런던 필립스 경매에서 416만 달러(약 38억원)에, 장샤오강의 92년작 〈새 세기의 장, 중국의 탄생〉은 뉴욕 소더비에서 310만 달러(약 28억원), 웨민쥔의 96년작 〈처형〉은 영국 런던 소더비 경매에서 590만 달러(약 54억원), 팡리쥔의 98년작 〈무제〉는 뉴욕 소더비에서 170만 달러(약 16억원)에 낙찰되었다.

도대체 어떤 그림들이기에 이런 엄청난 고가에 경매되었을까. 세계 미술

애호가들을 사로잡은 이들 작가들의 매력은 어디에 있는 걸까. 이들 4인방은 중국 아방가르드 미술의 '클래식'에 해당된다. 이들의 작품을 이해하면 798예술구의 갤러리에 전시된 중국 아방가르드 작가들의 작품을 감상하는 데 도움이 될 것 같다. 그래서 내 나름대로 그들의 작품을 풀이해 보았다. 그 첫 번째 이야기를 4인방의 맏형격인 왕광이부터 시작할까 한다.

1976년에 마오쩌둥이 죽고 쟝칭江靑(1914-1991)을 중심으로 한 이른바 '4인방'이 숙청됨에 따라 수 십 년 동안 공공장소에 걸려 있었던 마오쩌둥의 초상화는 조용히 자취를 감췄다. 1988년에 왕광이는 마오쩌둥의 초상화를 부활시켰다. 그가 그린 8장의 대형 초상화 "Mao Zedong: AO"는 마오쩌둥이 통치하던 시절 중국 어디에서나 흔히 볼 수 있었던 광고판 스타일의 마오쩌둥 초상화를 흉내 내어 만들었다. 근데 기존의 마오 초상화들과는 달리 마오쩌둥을 굵은 선들로 만들어진 '창살' 뒤 편에 놓아 두었다. 마치 철창 안에 갇혀 있는 마오쩌둥을 보는 듯하다. 이 창살을 통해 왕광이는 마오쩌둥과 그림을 보는 이 사이에 넘을 수 없는 장벽을 만들어 놓았다. 창살이 마치 마오쩌둥을 해부하고 있는 것 같은 섬뜩한 느낌이 든다. 8장 가운데 3장의 초상화가 천안문 사태가 발발하기 바로 몇 달 전에 베이징에서 전시되었다. 이 그림은 당시에 엄청난 센세이션을 일으켰다.

1990년대로 들어서면서 왕광이는 '대비판大批判(Great Criticism)' 시리즈를 그리기 시작했다. 그림의 구도는 단순하다. 문화대혁명 기간 동안 흔히 볼 수 있었던 붉은 바탕의 선동적인 포스터에다 프라다, 나이키, 코카콜라, LG 등과 같은 외국 브랜드 이름, 아

니먼 워홀 Warhol 같은 서
구 미술계 거장들의 이름을
크게 써넣고 그림의 군데군데 작은 숫자
들을 찍어 넣은 그림들이다. 이 '대비판' 시리즈는 현재
의 중국을 보는 듯하다. 기존의 사회주의와 주체하기 힘들 정도로 중
국으로 밀려오는 서구 자본주의의 상징물들. 왕광이는 '대비판' 시리즈에서
의도적으로 문화대혁명 시기의 선동적인 판화와 현대 자본주의의 상징물들
을 공존시킨다. 이것은 사회주의와 자본주의의 이데올로기적 충돌 또는 공
존이며 중국의 과거와 현재의 만남이다. 근데 그림을 이렇게 그려놓고 작가
는 그림의 제목을 '대비판' 이라 붙였다. 크게 비판한다. 무엇을. 어두운 과
거에 대한 비판인가. 아니면 인민의 마음을 '오염' 시키는 서구 자본주의의
상징물들에 대한 중국 정부의 비판인가. 군사적 침입보다 더 무섭게 느껴지
는, 사회주의 중국을 잠식하는 자본주의의 물결. 서구적 사고방식을 무조건
적으로 받아들이는 신세대들에 대한 걱정, 두려움, 비판. 아니면 탈지역화를
부르짖는 글로벌화의 시대적 흐름을 받아 들이라는 작가의 외침인가. 해석
을 다양하게 할 수 있을 것이다.

왕광이는 다른 아방가르드 화가들과 마찬가지로 현대 중국의 변혁기를
겪었다. 인민의 의지만으로 '영국을 타도하고 미국을 따라잡을 수 있다' 는
대약진운동, 중국을 어둠 속으로 내몰았던 문화대혁명, '흰 고양이든 검은
고양이든 쥐를 잡기만 하면 된다' 는 덩샤오핑의 개혁개방, 1989년 6.4 천안
문 사태 그리고 이후의 자유화 물결. 왕광이는 그림 속에 중국 현대화의 역

사와 현재 중국인들에게 익숙해진 외국 브랜드명을 결합하여 현재 중국의 모습을 극명하게 보여 주고 있다. 왕광이가 표현한 중국의 이미지가 너무도 강렬하고 분명해서 그런지 그의 그림은 세계 미술시장에서 너무나 잘 팔려 나가고 있다.

2. 현대 중국의 스킨헤드 팡리쥔

민머리 화가 팡리쥔

허베이성 출신으로 1989년에 중앙미술학원 판화과를 졸업한 팡리쥔方力钧 (1963년 생)은 현대 중국 아방가르드 국내파 4인방의 막내다.

팡리쥔은 문화대혁명과 1989년 6.4 천안문 사태가 그의 예술에 결정적인 영향을 미쳤다고 말한다. 1963년에 허베이성 한단邯鄲에서 태어난 팡리쥔은 네 살 때부터 문화대혁명을 경험했다. 그의 할아버지는 지주로 지목받아 끌려 갔고 지역 철도청 최고 부서에서 근무하던 아버지는 운전기사가 되었다. 그는 동네 아이들로부터 지주의 자식이라며 놀림과 구박을 당해야 했다. 팡리쥔이 그림에 취미를 가진 것은 밖에 나가 놀다가 혹시라도 자식이 봉변을 당할 것을 염려한 아버지가 집에서만 있으라고 그에게 그림물감을 사 주고 부터라고 한다. 팡리쥔은 천안문 사태 때 당시 중앙미술학원 재학생으로 시위에 가담했다. 그의 바로 옆에서 총탄에 맞아 쓰러지는 친구들을 목격했다.

팡리쥔은 문화대혁명과 천안문 사태를 겪으면서 그의 가슴 속 깊숙한 곳에 묻어두었던 분노와 저항의식을 예술을 통해 뿜어내야 했다. 근데 정부의

감시와 통제가 문제였
다. 당시 중국 정부는 인
민들, 특히 젊은 지식인
들을 침묵하게 했다. 자
신의 생각을 그대로 드
러내기가 힘들었다. 직
면하고 있는 현실을 어
떻게 할 수는 없지만 그
래도 뭔가를 해야 했다.
팡리쥔은 예술을 선택
했다. 어두운 현실의 중
국을 어떻게 할 수는 없
지만 자신의 생각을 어
떻게든 표현하고 싶었
다. 우리가 그의 의도를
그림에서 읽어낼 수 있
을까.

팡리쥔은 '냉소적 사
실주의(Cynical Realism)'
의 대표 주자다. 1989년
6.4 천안문 사태 이후 미
래에 대한 이상과 희망

이 무너진 뒤, 보다 개인주의적이고 차디찬 시선으로 바라본 1990년대 이후 중국의 모습을 화폭에 담아 냈다. 팡리쥔의 그림에는 항상 부랑자가 등장한다. 현대 중국 사회의 변경에 있는 소외된 계층이다. 동시에 그들은 사회질서에 위협적인 존재다. 개혁개방을 부르짖는 현대 중국의 경제 자유화에 뒤따른 사회변화, 국가가 주도하던 산업이 사영화됨에 따른 실직과 '민궁民工'의 도시 유입이 부랑자층을 형성했다. 권위에 반항적이고 냉소적인 부랑자. 그들의 모습은 팡리쥔의 그림에서 유니폼을 입고 민머리를 한 집단 초상화의 형태로 나타난다. 팡리쥔은 왜 이런 그림을 그린 것일까.

스킨헤드족

민머리는 어떤 의미를 지니고 있을까. 팡리쥔은 왜 그의 그림에서 민머리를 고집하고 있는 것일까. 그림만 그런 게 아니고 그 또한 민머리다. 그 실마리를 풀기 위해 고궁박물원의 무영전으로 되돌아 가보자.

무영전에는 청나라 말 때 화가였던 임웅任熊(1820-1857)이 그린 자화상 그림이 전시되어 있다. 왼쪽의 자화상에 나타난 화가의 모습을 보라. 그 또한 민머리다. 청나라, 그 옛날에 민머리는 참으로 의외다. 파격적이다. '부모에게 받은 몸을 함부로 훼손시키지 않는 것이 효의 시작이다(身體髮膚, 受之父母, 不敢毀傷, 孝之始也)'라고 했을만큼 유교 관습이 강하게 지배했던 당시 민머리는 상상하기도 어려웠을 것이다. 근데도 이 화가는 민머리다. 이 그림에서 또 눈에 거슬리는 것은 화가가 한쪽 어깨를 드러내고 있다는 거다. 자화상을 그린다면 자신의 모습을 근사하게 그리는 것이 보통 사람들의 생각이 아닐까. 근데 이 화가는 도전적이다. 상식적으로 그림을 이해하기 어렵다. 화가가 왜 그의 자화상에 어깨를 드러내고 있는 자신의 모습을 그렸을까. 의도하는 바가 있을 것이다.

화가가 우리에게 던져주는 수수께끼를 한 번 풀어보자. 화가가 드러내고 있는 어깨가 어느 쪽인가. 그는 오른쪽 어깨를 드러내고 있다. 오른쪽 어깨를 드러내는 행위는 중국인들의 문화관습에서 두 가지 상징적 의미를 지닌다. 첫째는 죄인이 형벌을 받고 있음을 의미했다. 전쟁에서 진 패자가 승자 앞에 자신의 오른쪽 어깨를 드러내어 상대방에게 굴복함을 나타냈다. 두 번째 의미는 의거에 참여하겠다는 강한 의사표명이다.

민머리의 의미를 풀기 위한 또 하나의 단서는 그림 속 주인공의 손에 있다. 그의 손 모양을 보라. 뭔가 어색하다. 마치 '감추어진' 큰 칼 위에 손을 얹어놓고 있는 것처럼 보이지 않는가. 민머리에다 오른쪽 어깨를 드러내고, 큰 칼을 쥐고 있는 듯한 손 모양. 불의에 항거하기 위해 싸울 태세가 되어 있는 의협과 같은 모습이라고 해석할 수 있지 않을까. 화가가 이 자화상을 그린 시기는 1850년대. 당시 중국에는 어떤 일들이 있었을까. 1840년에 아편전쟁이 일어났고, 1842년 난징조약으로 영국이 홍콩을 차지했다. 또 1850년에서 1864년까지 태평천국의 난이 중국을 뒤흔들었다. 1860년에는 영불연합군이 베이징을 점령하여 황제의 여름궁전인 원명원을 불태우고 약탈했다. 근대를 향한 변혁의 소용돌이 속에 휩싸인 중국. 화가는 그의 자화상에서 이 혼란스런 중국을 향한 안타까운 마음을 표현하고 싶어 했지 않았을까.

민머리는 영어로 스킨헤드skinhead라고 한다. 이 용어는 1960년대 후반 영국에서 처음 등장한 말로 원래 민머리 백인 우월주의자들을 가리켰다. 초창기 스킨헤드족은 1960년대 자메이카 출신 노동자와 영국의 백인 항만 노동자들로 구성됐다. 힘든 항만 노동을 통해 형성된 거친 성격, 맥주를 즐겨 마시며 축구에 열광하고, 영국에 대한 애국심이 각별하다는 등의 특징을 공유했다.

1970년대 영국은 인도/파키스탄계 노동자들이 대거 유입되면서 백인 노동자들의 실업률이 증가했고, 보수당 정권은 복지 예산을 삭감하고 자유 경쟁을 확대시키는 등 보수적 정책으로 일관했다. 또한 유럽에서 일어나기 시작한 신나치주의 움직임이 영국에 상륙, 이런 분위기 속에 백인 우월적인 우익 스킨헤드족이 탄생했다. 이들 우익 스킨헤드들은 권력에서 소외된 절망감과 자본주의 경쟁에서 패배한 분노를 유색인종에 대한 테러로 표출했다. 스킨헤드족은 노동자 계급의 자긍심과 애국주의 등의 코드를 공유하면서 스킨헤드로 동질감을 유지했다. 60년대 원조 스킨헤드족은 영국의 전통 노동요인 음주가요와 자메이카 음악인 '스카'에 심취했고, 70년대 중반 이후 스킨헤드족은 펑크 음악에 자신들을 동일시했다.

유명한 장이머우 감독의 1987년 데뷔작인 〈붉은 수수밭〉에도 스킨헤드가 등장한다. '스바리홍十八里紅'이란 붉은 고량주를 만드는 양조장의 사내들은 모두가 스킨헤드들이다. 이들 가운데 공리가 분扮한 쥬얼九兒를 차지한 붉은 수수밭의 불한당 스킨헤드가 있다. 그의 이름은 '나는 점치는 거북이'란 뜻을 지닌 위잔아오余占鰲다. 그는 지독한 불한당이다. 자신이 원하는 여자를 차지하기 위해 양조장 주인인 리다터우李大頭를 살해하고 쥬얼을 '강탈'한 불한당이다. 수수밭을 짓밟아 자신의 영역을 표시하는 '개' 같은 습성을 지녔고, 자신의 오줌 세례로 붉은 고량주를 명주 '스바리홍'으로 거듭

나세 됐다. 이 불한당 같은 스킨헤드들이 영화 속에서 중국 땅을 짓밟은 일본군들에게 대항한다. 근데 장이머우의 숨겨진 의도는 일본군이 아니고 중국 공산당 정부였다. 직설적으로 말했다가는 비판을 받을 것 같기에 은근슬쩍 일본군을 빗대어 말하고 있다. 그가 이 영화에서 하고 싶었던 말은 공산당 정부에 의해 '짓밟힌' 중국을 회복하자는 것이다.

붉은 고량주로 만든 폭약을 껴안고 일본군을 향해 돌진했던 붉은 수수밭의 스킨헤드들은 영웅이었다. 장이머우는 이들을 《수호지》에 나오는 양산박의 영웅들과 연결시키고 싶었던 모양이다. 붉은 수수밭의 민머리 영웅들은 《수호지》의 불한당 영웅들의 연속이라 할 수 있다.

불한당 스킨헤드들이 역사를 바꾼다! 문화대혁명을 겪은 장이머우와 팡리쥔은 억눌린 민중의 힘이 새로운 중국을 창조할 수 있는 원동력이라고 생각한 것은 아닐까. 중국의 역사가 보여주지 않는가. 역사를 바꾼 것은 불한당 같은 야성적인 중국 농민들의 힘이었다. 일그러진 영웅들이 중국의 역사를 바꾼 것이다.

3. 웨민쥔의 냉소적인 웃음

웨민쥔岳敏君(1962년 생). 이빨을 드러낸 과장된 웃음의 자화상 시리즈로 유명한 그는 팡리쥔과 함께 '냉소적인 사실주의'의 대표 작가다. 최근 국제 미술시장에서 가격이 가장 높은 그룹에 속한다. 유명세에 걸맞게 798예술구에서 그의 작품을 자주 만나게 된다.

하얀 이를 한껏 드러내 보이며 웃고 있는 그림 속 캐릭터는 웨민쥔의 자화상이다. 그래선지 캐릭터의 얼굴이 웨민쥔 자신을 많이 닮아 있다. 웨민쥔은 1990년대 초반부터 웃는 얼굴의 캐릭터를 그리기 시작했다고 한다.

웨민쥔 예술의 근간은 노장 사상이다. 그가 그렇게 말했다. 노장의 허무사상. 말은 그렇게 하는데 과연 그의 마음 속 또한 그렇게 생각하고 있을까. 노장은 자신을 감추기 위한 가면이 아닐까. 그의 자화상은 자아의 강렬한 갈망을 시각적으로 표출한 것이다. 갈망은 상실감에서 비롯된다. 문화대혁명에서 잃어버린 무언가를 되찾고 싶은 욕망이다. 자조自嘲. 그가 직면하고 있는 현실을 어찌 할 수 없음에 대한 무력감. 세상에 대한 냉소. 그의 자화상에서 읽어낼 수 있는 몇 가지 키워드다.

4. 장샤오강의 대가족

쓰촨 출생인 장샤오강張曉剛(1958년 생)은 정치적 색채가 짙은 베이징의 다른 아방가르드 작가들에 비해 문화대혁명을 몽환적인 화풍으로 비판했다는 평을 받는다. 자신이 1982년에 졸업한 쓰촨미술학원의 초현실주의적이며 심리적인 화풍의 영향을 받은 것이다. 1994년 상파울루 비엔날레와 1995년 베니스 비엔날레를 통해 세계적으로 알려졌다. 장샤오강은 1990년대부터 대가족과 혈통을 주제로 그림을 그리기 시작한다.

그의 그림에 자주 등장하는 주제는 어딘가 우울해 보이는 눈빛의 젊은 부부 가족이다. 장샤오강의 작품 속 인물들은 공통적으로 개성이나 성의 정체성이 부재한다. 그의 그림을 자세히 살펴보라. 뭔가 이상한 점을 발견할 수 있다. 게놈지도를 연상시키는 가느다란 붉은 선이 젊은 부모와 아기를 연결하고 있다. 붉은 실핏줄을 통해 자신들의 피를 아들에게 수혈하고 있는 젊은 부부. 그로 인해 혈색이 도는 살찐 아들과 상대적으로 말라가는 부모의 수척한 얼굴이 대비된다. 살갗을 한 꺼풀 벗겨낸 것 같은 얼굴의 상흔은 혈연을 강조한다.

이 그림은 한 가정 한 자녀 갖기 정책으로 야기된 중국 가족의 미래상과 희망 그리고 그들의 정체성에 관해 이야기하고 있다. 중국문화에서 가족의 존재가 얼마나 중요한가.

가족은 공자의 유교에 의해 구축된 사회질서의 토대다. 장샤오강은 그림에서 중국 정부의 한 가정 한 자녀 갖기 정책으로 인해 파괴된 가족을 표현한다. 그의 그림에 나타난 인물들은 모두 문화대혁명 시기 중산복을 입고 있다. 장샤오강은 그림에서 마오쩌둥과 문화대혁명을 의식적으로 암시하고 있다. 중국 문화를 파괴한 중국 정부를 은근히 꼬집고 있는 것이다. 그림의 제목 '대가족Big Family'에 걸맞지 않게 그림에 나타난 가족은 겨우 3명뿐이다. 중국 공산당 정부의 정책에 의해 전통적인 사회질서가 급속하게 붕괴되고 있음을 비판하고 있다.

갤러리 사이트

798時態空間 798Space www.798space.com
百年印象撮影畵廊 798 Photo Gallery www.redgategallery.com
北京公社 Beijing Commune www.beijingcommune.com
Marella Gallery www.marellart.it
北京東京藝術工程 Beijing Tokyo Art Projects www.tokyo-gallery.com
空白空間 White Space www.alexanderochs-galleries.com
仁畵廊 Yan Club Art Center www.yanclub.com
長征空間 Long March http://www.longmarchspace.com
交流空間 Ieum www.ieshu.com
常靑畵廊 Galleria Continua www.galerieursmeile.com
F2畵廊 www.f2gallery.com
中國當代 Chinese Contemporary Beijing
www.chinesecontemporary.com
北京季節 China Art Seasons www.artseasonsgallery.com
北京東京藝術工程 Beijing Tokyo Art Projects www.tokyo-gallery.com
北京立方藝術中心 Beijing Cubic Art Center www.11-art.com
3818庫 3818 Cool Gallery www.3818coolgallery.com
798/紅門畵廊 www.redgategallery.com

코스

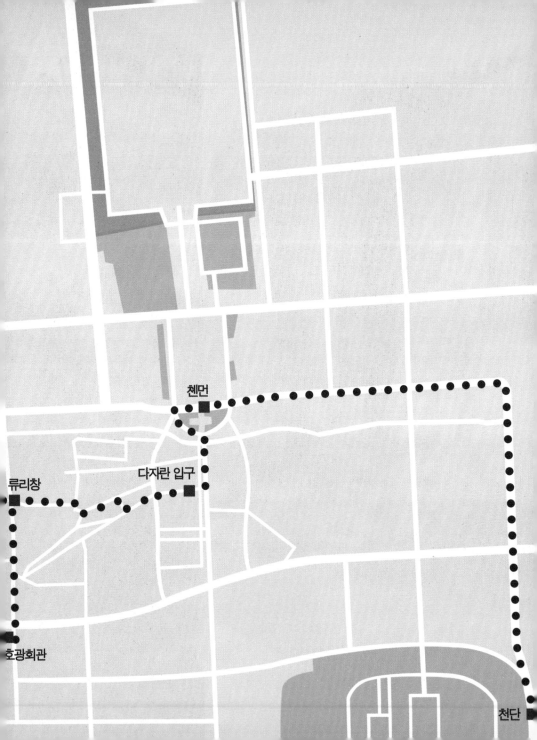

체먼

류리창

다자란 입구

호광회관

천단

4 첸먼 남쪽

첸먼前門 ▶ ▶ 천단天壇 ▶ ▶ 다자란大柵欄 ▶ ▶

류리창琉璃廠 ▶ ▶ 호광회관湖廣會館

이번 코스에서 둘러볼 지역은 옛 베이징 성의 외성에 속한다. 첸먼의 남쪽, 외성은 베이징 사람들의 엔터테인먼트 욕구를 충족시켜 주던 지역이다. 첸먼에서 출발하여 남쪽으로 내려가면서 옛 문화의 자취를 더듬어 본다.

1. 첸먼

지하철을 타고 첸먼역前門站에서 내린다. A출구로 나오면 오른쪽엔 정양문
正陽門정양먼, 길 건너에는 전루箭樓지엔러우가 서로 마주 보고 서 있다. 첸먼
은 본래 이 정양문을 일컫는다. 전루는 1439년에 세워졌다. 명나라 때부터
베이징 내성의 정문이던 정양문과 함께 성벽으로 연이어져 있어 하나의 거
대한 옹성을 이루었다. 현대로 접어들면서 이 옹성은 점차 헐리기 시작하여
지금은 성벽은 없어지고 웅위한 전루와 정양문만이 큰 길을 사이에 두고 서
로 바라보며 우뚝 솟아 있다.

첸먼은 본래 황제의 전용 출입문이었다. 1년에 두 차례 황제를 위해 문을
열었다. 음력 정월 15일과 동짓날. 황제가 하늘에 제를 올리기 위해 천단으
로 행차할 때가 되어서야 비로소 굳게 닫혔던 문을 열었다.

베이징의 내성으로 들어가는 첫 번째 관문으로, 황제의 권위를 상징하는
남북으로 뻗은 중심축과 백성들이 거주하는 상업지역을 동서로 잇는 대로
가 교차하는 첸먼은 예로부터 악명이 높았다. 마약과 도박 그리고 매춘이
만연했던 '부도덕한' 과거를 지닌 곳이다. 명나라가 쇠퇴기로 접어들면서
첸먼 바깥에서 섹스산업이 꿈틀대기 시작하더니 청대로 들어서면서 베이징
에서 가장 유명한 홍등가로 자리를 굳혔다. 왜 그랬을까. 그 이유는 간단하
다. 첸먼은 황성의 중앙 통로에 이르는 가장 근접한 출입구였기 때문이다.
첸먼은 내성과 외성을 가르는 경계선이었다. 명나라와 청나라 두 왕조가 중
국을 다스렸던 5백 년 동안 첸먼은 권력을 쥔 자들과 민초를 갈라 놓는 경계
선이었다. 베이징성의 담장 안에서 근무했던 고관들은 새벽 1시에 일어나 3

시에 자금성의 오문 앞에 집합했다가 황제의 훈시를 듣기 위해 5시에 일제히 황궁으로 들어갔다. 이 스케줄에 맞추기 위해서는 퇴근 후 쳰먼 바깥에서 유흥을 즐기는 것이 가장 안전했던 것이다. 쳰먼을 제외한 8개의 성문은 해질 무렵에 문을 닫았다가 동 틀 때가 되어서야 문을 열었지만 유독 쳰먼의 문지기만은 밤늦게까지 기생들과 어울려 흥청대며 술 마시다가 조회 시간에 늦지 않기 위해 허겁지겁 달려오는 고관들에게 두꺼운 성문을 열어 주었다. 이 무리에는 놀기 좋아했던 황제들도 더러 끼여 있었다.

쳰먼 부근과 그 남쪽의 외성에는 공연장이 많고, 회관이 많고, 찻집이 많았다. 청나라 만주족 정부가 들어서면서 한족을 내성에서 몰아내어 쳰먼 바깥인 외성에 거주하게 했다. 또한 청나라의 황제들은 시끄럽다는 이유로 내성 안에 있던 회관과 공연장 그리고 기타 오락시설들을 외성으로 옮기게 했다. 내성에 거주하는 만주족 팔기군과 그들의 가족들에게 상업 행위를 금했고 숙박시설 또한 제한했다. 이로 인해 쳰먼 부근과 그 남쪽의 외성은 일찌감치 상업지구와 유흥가로 자리 잡았다. 쳰먼의 남쪽 바깥 외성에 늘어섰던 가게들과 주택들은 내성에 거주하는 지체 높은 양반들의 생활용품을 공급하기 위한 목적에서 형성되었으며 퇴청하는 고관들뿐만 아니라 청운의 꿈을 안고 상경한 여행객들에게 숙식과 환락을 제공했다. 실로 쳰먼은 황궁의 절도 있는 생활과 그 예속의 굴레를 벗어나 맘껏 욕망을 발산하는 '악'의 경계선이었다.

2. 천단

천단天壇톈탄은 명나라 영락제가 베이징을 건설할 때 함께 지은 것이다. 명나라와 청나라의 황제들은 일 년에 두 번, 즉 음력 1월15일과 동짓날에 이곳에 와서 하늘에 제사를 지냈다. 천단을 에두른 담장은 북쪽은 둥글고 남쪽은 네모진 구도를 지녔다. 둥근 것은 하늘을, 네모진 것은 땅을 상징한다. 천단의 주요 건물은 북쪽에서부터 풍년을 기원하는 기년전祈年殿치녠뎬, 여러 신들의 위폐를 보관해 놓은 황궁우皇穹宇황츙위, 하늘에 제사 지내는 환구단環丘壇환츄탄이 단계교丹陛橋단비챠오라는 남북으로 뻗쳐 있는 축으로 이어져 있고 서쪽에 황제의 재계를 위한 재궁齋宮자이궁이 있다.

2.1. 외국 관광객 앞에서 폼 재는 베이징 토박이들

주소: 崇文區 天壇北路甲 1號.
개방시간: 6:00am-18:00pm.
입장료: 35원.
교통편: 지하철 5호선 톈탄둥먼天壇東門역.

지하철 5호선이 개통되어 천단으로 가기가 훨씬 수월해졌다. 쳰먼역에서 출발하여 한 정거장인 충원먼崇文門역에서 5호선으로 갈아타서 톈탄둥먼역에서 내리면 된다. 중국의 황제가 하늘에 제사 지내던 곳인 천단은 세계에

서 가장 큰 제단으로 자금성의 4배나 된다. 엄청 크다. 베이징 토박이들은 천단공원天壇公園톈탄궁위안에서 여유를 즐기고 있다. 가장 먼저 눈에 들어온 것은 나이에 어울리지 않게 다 큰 어른들이 제기 차기에 몰두하고 있는 모습이다. 제기 차기가 실로 예술의 경지다. 천단으로 향해 가는 길은 마치 시골 장에 온 것처럼 볼거리가 많다. 태극권, 배드민턴, 검술, 노래, 사교댄스, 카드놀이, 마작, 장기, 어떤 사람은 경극에 나올법한 리듬으로 징을 두드리고 있다. 중국 사람은 이렇게도 자신들의 옛 문화를 사랑한다.

엄청 큰 공원인 천단공원. 나무가 많아서인지. 거기다 면적이 워낙 넓어 베이징 시내의 매연이 근접하지 못하는 곳. 공기가 상쾌하다. 천단 근처에 사는 베이징 토박이들은 여기에서 대부분 시간을 보낸다. 그들을 보고 있노라면 여기가 바로 베이징의 센트럴 파크가 아닌가 하는 생각이 든다. 천단공원에서 여가를 즐기고 있는 자존심 강하고 순박한 베이징 토박이들은 외국 관광객들이 자신들을 바라보고 있는 것을 은근히 즐기고 있는 것처럼 보인다. 마치 우리들 '야인野人'들에게 자신들의 전통문화를 과시하고 있는 것처럼.

2.2. 푸른 지붕의 기년전

중국의 황제들은 스스로를 하늘의 아들, 즉 천자라 칭했다. 하늘의 명에 의해 이 지상을 다스린다는 것이다. 그래서 흉년이 드는 것은 하늘의 명이 다른 사람에게로 옮겨갈 수 있음을 경고하는 하늘의 메시지로 해석되었다. 중국의 황제라면 풍년을 기원하는 제사에 신중을 기하지 않을 수 없다.

천단으로 걸어 들어오면서 눈에 쏙 들어오는 건물이 있다. 푸른 색의 둥근 지붕. 이 장엄하고 화려한 건물은 바로 풍년을 기원하는 기년전이다. 중국인들이 세계에 자랑하는, 중국을 대표하는 건축물이다. 하얀 대리석 3층 기단에 3중으로 된 원추형 유리기와 지붕을 한 높이 38m의 거대한 원형궁전이다. 매년 음력 1월15일에 중국의 황제는 이곳에서 하늘의 신에게 제를 올리며 오곡의 풍요를 기원했다. 기년전은 원래 1420년에 건립되었으나 1889

년에 화재로 선소된 것을 명나라 건축기법으로 복구했다고 한다. 여기에 사용된 목재는 미국 오리건 주에서 수입했다. 건물 중앙의 큰 4개의 기둥은 사계절을, 그 바깥쪽 12개의 기둥은 12달을, 또 그 바깥쪽의 12개 기둥은 12개 단위로 나눈 하루의 시간을, 그리고 이 둘은 합한 28개 기둥은 하늘의 별자리인 28수宿를 상징한다. 그리고 천정 한가운데 새겨진 용은 황제를 표상한다. 이러한 상징적인 구도는 시간을 통제하는 하늘의 아들인 중국의 황제를 강조하고 있다.

기년전에서 남쪽으로 더 내려가면 황궁우다. 여러 신들의 위폐를 보관해 놓은 황궁우는 작은 소리도 메아리쳐서 둥근 벽을 타고 반대편까지 전달된다는 회음벽回音壁훼이인비이라는 둥근 벽으로 둘러져 있다. 워낙 관광객들이 많아 회음벽은 제 구실을 못한다. 매우 조용해야 이 회음벽이 효과를 발휘할 수 있다.

2.3. 하늘과 대화하는 환구단

황궁우에서 남쪽으로 더 내려가면 환구단이다. 중국의 황제는 동짓날에 여기에서 하늘에게 제를 올렸다. 그래서 하늘을 뜻하는 둥근 모양으로 제단을 만들어 놓았다. 근데 하늘에 제사를 지내는, 천단에서 가장 중요한 제단이 왜 천단의 가장 남쪽에 있는 걸까. 그것은 하늘이 양에 속하고, 남쪽이 양의 방향이기 때문이다. 하늘에 제를 올리기 전에 '하늘의 아들'은 의식을 거행하기 바로 전날까지 천단에 있는 재궁에서 3일 동안 금식을 하고 몸과 마음을 정결히 한다.

노천에다 돌을 깔아 놓은 '허름해' 보이는 제단이지만 천단에서 가장 중요한 곳이다. 하늘에 제사를 지내는 것은 왕만이 할 수 있는 그의 고유한 권한이다. 하늘의 신은 자신을 대신하여 지상의 통치권을 왕에게 부여했다. 그래서 중국의 황제는 스스로를 하늘의 아들을 뜻하는 천자天子라 일컫는다.

왕을 뜻하는 한자가 많다. 그 가운데 임금 군君자가 있다. 이 글자는 윤尹과 구口를 결합하여 만들었다. 尹은 손에 지팡이를 들고 있는 사람을 뜻하는 글자다. 그냥 지팡이가 아니고 권위를 상징하는 지팡이다. 임금 君자는 왕의 권위를 상징하는 지팡이를 들고 뭔가 말을 하는 모양이다. 누구와 대화를 하는가. 하늘의 신과 대화를 한다. 하늘의 아들만이 하늘의 신과 의사소통을 할 수 있다. 이 환구단이 바로 동짓날에 하늘의 아들인 중국의 황제가

'아버지'인 하늘의 신과 대화하는 곳이다. 환구단에 올라보면 한가운데 불쑥 튀어나온 원판의 돌이 있다. 천심석天心石이라고 한다. 그 위에 서면 하늘의 마음을 알 수 있다는 뜻인가. 중국의 황제는 동짓날 남쪽을 향해 이 돌 위에 서서 하늘과 대화한다.

환구단에 올라가 천심석 위에 서서 기념사진을 한 장 찍으며 하늘과 대화를 하는 기분이 어떤지 느껴보자. 근데 그것이 그리 녹녹하지 않다. 천자 행세를 한 번 해 볼 요량으로 많은 관광객들이 그 앞에 줄을 서서 기다리고 있을 것이다.

천단에서 만난 태극권의 고수들

천단을 거닐다보면 태극권을 하는 사람들을 자주 만나게 된다. 태극권. 건강을 끔찍하게 생각하는 중국인들이 좋아하는 운동이다. 그만큼 몸에 좋은 운동이다.

어떡하면 사람이 건강하고 오래 살 수 있을까. 이것을 연구하다 탄생한 것이 신선사상이다. 신선은

불사의 존재다. '선仙' 이란 글자에는 몇 가지 뜻이 담겨 있다. 첫째로 仙은 높은 산에 사는 사람이란 뜻의 '선仚' 에서 비롯되었다. 인간이 하늘과 가장 가까워질 수 있는 산에 신선이 산다. 그렇다고 신선들이 아무 산에나 사는 것은 아니고 태산이나 곤륜산 같은 성스러운 산에 산다. 중국인들은 불사의 존재인 신선이 사는 성산을 유토피아로 여겼다. 그들에게 이상세계는 불사의 능력을 지닌 신선들이 사는 곳, 그래서 그곳에 가면 그들로부터 먹으면 영원토록 죽지 않을 수 있는 불로초나 불사약 또는 불사의 방법을 얻어 들을 수 있다. 仙의 또 다른 옛 글자는 소매가 펄렁거림을 뜻하는 '선僊' 이다. 소매를 팔랑거린다는 것은 하늘을 가볍게 날아오를 수 있음을 의미한다. 결국 신선은 산에 살고 하늘을 날 수 있는 불사의 존재다.

어떻게 하면 사람이 죽지 않고 영원한 삶을 누릴 수 있는 신선이 될 수 있을까. 신선이 되는 방법을 연구했던 도사들은 몇 가지 방법을 제시한다. 그 첫 번째가 다이어트다. 다이어트는 먹지 않고 굶는 것이 아니라 식이요법이다. 뭘 어떻게 먹느냐가 문제

다. 신선술을 연구한 사람들은 불사약을 제조했다. 불사약을 먹거나 불로초를 먹으면 신선이 될 수 있다. 그들은 여러 가지 광물들을 잘 혼합하면 불사약을 만들 수 있다고 생각했다. 이들이 중국의 연금술사들이다. 이 사이비 과학자들이 만든 불사약을 먹고 즉사하거나 납 중독이 된 중국의 황제들이 수두룩하다. 불사약은 위험해서 안 되겠고 그럼 불사초로 관심을 돌려보자. 신선에 관한 문헌들이 제시하는 불사초로는 영지초 같은 버섯이 단연 으뜸이다. 버섯은 불사는 할 수 없어도 건강에는 좋은 웰빙 식품임에는 틀림없다. 신선술을 연구하는 사람들은 다이어트에서 피해야 될 음식이 있다고 한다. 곡류로 만든 음식이다. 쌀, 보리, 밀과 같은 곡식을 삼가란다. 탄수화물이 많이 포함된 곡류는 몸에 좋지 않다. 그 가운데 가장 안 좋은 것이 피자와 햄버거다.

사람이 불사의 삶을 누릴 수 있는 두 번째 방법은 호흡을 잘 하는 것이다. 느리게 코로 숨을 들이쉬고 입으로 숨을 내뱉고 가장 기본적인 호흡법이다. 호흡을 잘하면 신선이 될 수 있단다. 복식호흡, 단전호흡, 태식호흡 등. 숨을 들이쉬고 내쉬는 방법도 다양하다. 다이어트와 호흡을 잘하면 신선이 될 수 있다. 그렇다면 신선이 되었다는 증거는 뭘까. 몸이 가벼워지는 것이다. 다이어트와 호흡을 잘하면 언젠가는 공중부양을 할 수 있고, 결국에 가서는 '머털도사'처럼 구름을 타고 하늘을 오르내릴 수 있게 된다. 태극권이란 게 결국은 신선술에서 말하는 호흡법이다. 호흡을 잘하면 건강하게 오래살 수 있다.

베이징 시내를 돌아다니다 보면 지나치는 구멍가게마다 선반 위에 조그만 항아리들이 수없이 놓여 있는 걸 발견하게 될 것이다. 저게 과연 뭘까. 아침이 되면 이 항아리에 든 뭔가를 마시는 사람들의 모습을 자주 목격하게 된다. 궁금하면 한 번 가게에 들러 그것을 사보라. 항아리 뚜껑을 덮고 있는 하얀 종이에 '봉미산우내'라 적혀 있을 것이다. 요구르트에 꿀을 탄 음료다. 건강을 끔찍이 생각하는 중국인들. 웰빙에 뛰어난 감각을 지닌 그들이 아침에 먹는 건 요구르트였다.

중국인들은 아침에 더우쟝豆漿이라는 콩국, 순두부 그리고 종류도 다양한 죽을 즐겨 먹는다. 모두 몸에 좋은 것들이다. 다이어트와 호흡을 잘하면 신선이 될 수 있다는데, 중국인들은 태극권으로 호흡을 조절하여 몸 안의 기를 잘 순환시키고 몸에 좋은 웰빙 음식으로 다이어트를 한다. 건강을 지키는데 혈액순환이 참으로 중요하다고들 하는데, 태극권과 웰빙 음식 거기다 스트레스 안 받는 여유로운 삶을 더한다면 오래 살지 못하는 것이 오히려 이상하지 않을까.

천단을 나오다 보면 몇 분의 노신사들이 커다란 붓에다 물을 듬뿍 묻혀서 땅바닥에 뭔가를 쓰고 있는 광경을 목격하게 된다. 종이와 먹 대신 땅바닥과 물을 가지고 붓글씨를 쓴다. 땅바닥에 쓴다고 하여 '지서地書디수'라고 한다. 글씨가 장난이 아니다. 한 두 해 배운 솜씨가 아니다. 명필이다. 심후한 내공이 느껴진다. 붓글씨는 좋은 건강법이다. 글씨를 쓰는 동안 숨을 멈추고 글자를 쓰는 사이사이에 숨을 내쉰다. 긴 멈춤과 짧은 내쉬고 들이쉼. 이 또한 태극권에 뒤지지 않는 좋은 호흡법이다. 건강에도 좋고 나의 박식함과 붓글씨 솜씨를 남에게 뽐낼 수 있으니 얼마나 좋은가. 스트레스가 쌓일 틈이 없다.

3. 베이징의 전통 명품 브랜드 거리—다자란

쳰먼에서 쳰먼다졔前門大街를 따라 조금만 걸어 내려가면 길 왼쪽에 다자란大柵欄으로 들어가는 골목인 다자란졔大柵欄街가 보일 것이다. 베이징의 라오쯔하오老字號로 유명한 곳이다. 라오쯔하오는 오랜 역사를 지닌 전통 있는 가게를 뜻한다. 다자란. 이름이 재미있다. 자란柵欄은 철책을 뜻한다. 청나라 때까지 저녁 7시에 고루에서 북소리가 울리면 베이징 내성의 모든 거리와 골목은 바리케이드를 쳐서 사람들의 통행을 통제했다. 청나라 건륭제는 외성에도 철책을 치도록 했다. 이곳은 베이징에서 가장 번화했던 구역이라 도둑과 방화를 방지하기 위해 다른 곳보다 훨씬 큰 철책을 쳤다. 그래서 이름이 다자란이다.

중국이 만주족이란 이민족이 다스리는 청나라로 넘어가는 교체기에 쳰먼 바깥은 한족 중국인들의 거주지였다. 다자란은 청나라 초기에는 이민족 정부에 항거하는 한족 저항세력들의 온상이었다가 동인당同仁堂퉁런탕과 같은 전통 가게들이 들어서면서 상업지역으로 변모했다. 현재 동인당을 비롯하여 내연승혜점內聯升鞋店네이롄성쉐뎬이라는 신발가게, 서부상주포점瑞趺祥綢布店루에이푸샹저우부뎬이란 포목점, 六必居醬園류비쥐쟝위안이라

는 야채졸임을 파는 가게 등 역사가 깊은 전통가게들이 들어서 있어 그 명맥을 유지하고 있다. 다자란에는 이외에도 중국영화의 탄생지라고 하는 오래된 영화관 대관루大觀樓다관러우, 찻잎으로 유명한 장일원다장張一元茶莊장이위안차 좡과 천부다장天福茶莊톈푸차좡 등 베이징의 유명한 전통가게 그리고 신화서점 新華書店신화수뎬이 들어서 있다. 광덕루廣德樓광더러우라는 가게에는 아주 괜찮은 다호茶壺를 저렴하게 판다. 기념으로 작고 귀엽게 생긴 차 주전자를 하나 사도 괜찮겠다.

4. 베이징의 인사동―류리창

다자란을 빠져나오면 메이스졔煤市街와 만난다. 왼쪽으로 눈을 돌려보라. 징촨런쟈쥬러우京川人家酒樓란 식당이 있다. 간판에 쓴 메뉴 가운데 라오베이징자장미엔老北京炸醬面이란 글자가 눈에 쏙 들어올 것이다. 우리네 자장면과는 다소 다른 베이징 자장면은 베이징 사람들이 즐겨 먹는 음식이다. 자장에 들어갈 갖은 야채를 여러 개의 조그만 접시에 따로 담아서 종업원이 즉석에서 자장에 넣어준다. 맛이 짭짤하다. 경험 삼아 시식해보는 것도 좋을 것이다.

베이징자장면을 먹고 류리창琉璃廠으로 향한다. 다자란에서 류리창으로 가는 방법은 여러 가지다. 택시를 이용해도 좋고, 아니면 다시 쳰먼으로 되돌아가서 지하철을 타고 한 정거장만 가면 된다. 허핑먼和平門 지하철역에서 내려 D출구로 나온다. 길 건너편에 베이징오리구이로 유명한 취안쥐더全聚德 쳰먼점이 보인다. 취안쥐더의 베이징카오야는 베이징에 있는 다른 베이징오리구이 전문점보다 훨씬 비싸다. 그럼에도 많은 사람이 찾는 데는 그만한 이유가 있을 것이다. D출구에서 난신화졔南新華街 남쪽으로 조금만 걸어가면 류리창이다. 가면서 길을 물어볼 필요도 없다. 그 근처에 도착하면 이곳이 류리창임을 몸으로 느낄 수 있다.

다자란에서 류리창으로 가는 가장 인상에 남을 방법은 걷는 것이다. 다자란졔에서 나와 메이스졔에서 길을 건너면 골목이 다자란시졔大柵欄西街로 이어진다. 이 길을 따라 쭉 내려가다가 세 갈래 길이 나오면 오른쪽 길로 들어서라. 그러면 잉타오셰졔櫻桃斜街를 만난다. 오른쪽으로 방향을 돌려 북쪽으로 조금만 올라가다 갈림길을 만나면 다시 왼쪽으로, 또 다

른 갈림길에서 오른쪽으로 가다보면 왼쪽으로 골목길이 하나 나온다. 류리
창으로 접어드는 류리창둥졔琉璃廠東街다.

　'유리 기와를 만드는 공장'이란 뜻을 지닌 류리창이란 이름은 원나라 때
붙여졌다. 원나라의 쿠빌라이가 베이징에 수도인 다두를 건설할 때 궁궐의
지붕을 덮는데 쓸 엄청난 양의 유리기와를 만들 공장이 필요했는데, 성의 남
쪽에 위치한 이곳이 가장 적합한 장소였다고 한다.

　명나라 때 류리창은 골동품을 파는 작은 거리였다. 류리창이 규모 있는 골
동품 거리가 된 것은 청나라 때부터다. 청나라 정부는 만주족과 한족을 분
리하여, 만주족은 내성에, 한족 관원들은 외성에 거주하게 했다. 류리창은
조정에서 그리 멀지 않고 생활환경이 좋아 한족 관리들이 모여 살기에 적합
한 장소였다. 이민족인 만주족의 세상이던 청대는 한족들에겐 암울한 시기
였다. 중국의 문인들은 나라가 혼란하다고 생각되면 대개 문학과 예술에 정
력을 쏟는다. 시를 짓고 그림을 그리며 골동품을 감상하는 고상한 문화행위

는 혼란한 시기에 자신들의 정체성을 견지하고 자기수양을 하기 위한 이상적인 방편이라고 생각했다. 이러한 생각을 지닌 한족 문인들이 류리창으로 몰려들어 시와 그림 그리고 골동품을 벗 삼아 가슴에 맺힌 한을 삭혔다.

　류리창이 전성기를 누린 것은 청나라 강희제와 건륭제 때였다. 이 거리가 전례 없던 번영을 누렸던 것은 강희제 때 편찬한 방대한 백과사전인《고금도서집성古今圖書集成》과 건륭제가 300여 명의 학자를 동원하여 고금의 도서를 망라하여 수집, 편집한《사고전서四庫全書》라는, 청나라 정부가 주도한 대규모 문화사업 때문이었다. 이 두 문화 사업으로 중국 각지에서 수많은 학자들이 베이징으로 모여 들었다. 그들은 대부분 외성의 회관에 머물렀는데, 회관에서 가까운 류리창은 그들이 책을 사고팔고 학문을 교류하기에 가장 적합한 장소였다. 이 시기에 류리창에는 학자들의 구매욕을 충족시켜 줄 서점과 문방사우를 취급하는 가게가 우후죽순처럼 생겨났다.

　류리창이 골동품으로 이름이 나기 시작한 것은 20

세기에 들어와서부터다. 1900년 8개국 연합군이 베이징을 침입하여 약탈함에 따라 원명원과 고궁의 보물들이 궁 밖으로 쏟아져 나왔고, 청나라가 망한 뒤 설 자리를 잃은 조정대신과 환관들이 생계를 위해 골동품을 류리창에 내놓았다. 당시 류리창은 이러한 골동품들로 넘쳐났다. 중국뿐만 아니라 세계 각지로부터 골동품상들이 눈독을 들이고 류리창으로 몰려 들었다.

류리창은 난신화계를 사이에 두고 류리창시계琉璃廠西街와 류리창둥계로 나눠진다. 서쪽 길에는 서점이 많다. 오랜 역사를 지닌 서점들이 지금은 중국서점中國書店중궈수뎬이란 간판을 내걸고 옛 명맥을 잇고 있다.

예로부터 문인들이 노닐던 문화의 거리라 예술 관련 책들이 많다. 조선의 선비들이 연행燕行했을 때 류리창의 서점들은 꼭 들르는 코스였다. 서점에

서 책 구경을 하고 있으면 중국말보다 한국말이 더 많이 들릴 것이다. 한국에서 예술 공부하시는 분들이 이곳에 많이 들르는 이유에서다. 서점 말고는 그 유명한 영보재榮寶齋룽바오자이가 그 명성에 어울리게 이 서쪽 거리의 많은 부분을 차지하고 있다. 거리를 계속 걸어가면 꽤 많은 가게들이 보인다. 문방구, 화방, 화랑, 서점, 골동품 등등.

길 건너 동쪽 류리창의 입구에도 큰 중국서점이 있다. 맞은 편에는 급수각예술관汲古閣藝術館지구거이수관이 있다. 이 건물 2층에 있는 찻집에서 차를 마시며 아픈 다리를 잠시 쉬어보는 것도 좋으리라. 동쪽 류리창은 골동품의 거리다. 서적과 문방구를 파는 유서 깊은 가게들 또한 즐비하다. 동쪽 류리창의 입구에서 왼쪽으로 몸을 돌리면 식당이 두 곳 있다. 호광회관으로 경극을 보러 가기 전에 이곳에서 허기진 배를 채우고 휴식을 취하는 것도 좋을 것이다.

5. 호광회관에서 〈패왕별희〉를 보다

주소: 宣武區 虎坊路 3號.
입장료: 150-580元.
공연시간: 7:30pm.
교통편: 지하철 허핑먼和平門역에서 내려 25번 버스 이용.
홈페이지: http://www.beijinghuguang.com

호광회관湖廣會館후광훼이관은 경극 공연으로 유명하다. 공연은 항상 저녁 7
시30분에 시작된다. 베이징에 오기 전에 인터넷을 통해 공연스케줄을 확인
해 두는 것이 좋다. 몇 개의 레퍼토리를 반복한다. 우리에게 가장 잘 알려진
경극은 〈패왕별희〉다. 보고 싶은 경극을 공연하는 날을 택해 이 코스를 여
행하면 좋을 것이다.

　류리창에서 호광회관으로 가려면 난신화졔 남쪽으로 계속 내려가면 된
다. 걸어가다 보면 꽤 시간이 걸린다. 버스로는 한 정거장. 택시를 타면 기
본요금. 걷기 싫으면 택시를 이용해도 좋을 듯하다. 쳰먼 남쪽에는 호광회
관 말고도 경극을 관람할 수 있는 공연장이 많다. 라오스차관老舍茶館(宣武區
前門西大街 3號)과 전문건국반점前門建國飯店쳰먼지엔궈판뎬(宣武區　永安路 175號)
안에 있는 이원극장梨園劇場리위안쥐창이 유명하다. 그래도 호광회관만은 못

호광회관으로 가는 길에 신호등을 기다리고 있는데 어디선가 벌레 소리가
들린다. 한 두 마리가 만들어내는 소리가 아니다. 치렁치렁 울린다. 그 소
리를 따라가 보니 한 사내가 자전거에 대나무로 만든 뭔가를 주렁주렁 매
달아 놓고 팔고 있다. 대나무를 엮어 만든 것은 귀뚜라미의 집이었다. 수 백
마리의 귀뚜라미가 동시에 울어대는 소리를 들어 본 적이 있는가.

하나. 호광회관에서 경극의 진수를 경험해보자.

호광湖廣후광은 지금의 호북과 호남성을 아우르는 말이다. 호광회관은 1807년 베이징을 방문하는 호광 출신의 고관 및 상인 그리고 과거시험을 치르기 위해 베이징에 온 서생들을 위해 두 성 출신의 고관과 상인들이 돈을 추려 마련한 게스트하우스였다. 미래의 '고관' 들과 미리 돈독한 관계를 쌓기 위해서 상인들이 그들에게 숙식과 오락을 제공했던 것이다.

회관은 명나라 때 만들어졌다. 회관은 같은 지역 출신의 관리들, 과거시험 응시생들, 발령을 기다리는 합격자들 그리고 성공한 상인들이 베이징에 있는 동안 머무는 곳이다. 다른 지역에도 회관은 있었지만 도성이라는 그 정치적 중요성 때문에 베이징이 월등하게 많았다. 가장 유명했던 회관이 바로 이 호광회관이다.

회관은 일종의 사교 클럽 역할을 했다. 많은 회관들이 연회장과 경극 무대, 정원 그리고 과거시험 응시생들을 위한 도서관과 공부방을 두었다. 같은 지역 출신의 정치가와 상인들은 회관에 모여 서로 정보를 교환하고 관계를 돈독하게 함으로써 그들 나름의 권력을 만들어 갔던 것이다. 지방과 중앙의 네트워크가 이곳을 중심으로 연결되었다. 밤이 되면 회관은 유흥의 장소로 변모한다. 회관에는 경극을 볼 수 있는 무대가 있다. 이곳에서 차와 술을 마시며 경극을 관람하면서 동향인들 간의 친목을 다졌을 것이다. 경극을 관람할 수 있는 공연장인 회원戱院시위안이 쳰먼 밖에 많은 이유가 있다. 청나라 정부가 회관을 외성에만 두도록 제한했던 것이다.

5.1. 비운의 터프가이 항우와 우미인의 애절한 이별 이야기

〈패왕별희〉. 사면초가로 궁지에 몰린 항우項羽와 그가 사랑하는 여인 우미인虞美人의 애절한 이별 이야기다. 이 이야기는 사마천이 쓴 《사기》에 전해진다. 사마천은 〈항우본기〉에서 간결한 필치로 비운의 영웅이었던 항우의 이야기를 박진감 넘치게 그려 내었다.

유방劉邦의 한나라 군대에게 몰린 항우는 해하垓下란 곳에 성벽을 높이 쌓고 틀어 박혀 있었다. 무기는 부족하고 식량은 떨어졌다. 한나라 군사는 성을 겹겹이 에워쌌다. 한밤중에 한나라 진영으로부터 초나라의 노랫소리가 들려왔다. "한나라가 이미 초나라를 취했단 말인가. 어떻게 초나라 사람이 그렇게도 많단 말인가." 항우는 몹시 놀랐다. 사방에서 들리는 초나라의 노랫소리는 궁지에 몰린 항우에게 고립감을 더욱 깊게 했다. 상황은 절망적이었다. 자리에서 일어난 항우는 군막에서 최후의 주연을 가진다. 그의 곁에는 사랑하는 여인 우미인과 애마 추가 있었다. 항우는 비분강개하여 노래한다.

> 力拔山兮氣蓋世 힘은 산을 뽑고 기운은 세상을 뒤덮거늘
> 時不利兮☐不逝 시운이 불리하여 추가 나아가지 않는구나.
> ☐不逝兮可柰何 추가 나아가지 않으니 어이할까.
> 虞兮虞兮柰若何 우야! 우야! 어찌하면 좋겠니.

궁지에 몰린 영웅의 절망감이 이 노래 속에 배어 있다. 우미인이 화답해 노래한다. 노래가 끝나자 항우의 두 눈에 눈물이 주르르 흐른다. 영웅이 흘리는 눈물. 곁에 있던 부하들이 따라 운다.

곧이어 항우는 말 위에 오른다. 주군과 운명을 같이 하겠다고 함께 말을 타고 그를 따르는 휘하의 장수는 8백여 명. 날이 밝고 항우가 포위망을 뚫고 탈출한 사실을 뒤늦게 알고 추격에 나선 한나라 기마병은 5천 명. 한나라의 집요한 추격에 밀려 항우를 따르는 정예 기마병의 수는 점점 줄어들어 이제 남은 건 겨우 백여 명이다. 도중에 길을 잃고 밭을 갈고 있던 한 농부에게 길을 물었다. 민심을 잃은 항우. 농부가 일러준 곳은 늪지대였다. 늪에 빠져 허우적대는 사이 한나라 군대는 추격의 간격을 좁혔다. 이제 남은 병사는 28명. 추격해 오는 한나라 기병은 여전히 5천. 탈출할 수 없다고 판단한 항우는 마침내 부하들에게 비장한 목소리로 다음과 같이 말한다.

> 내가 군사를 일으킨 지 8년. 그동안 70여 차례 전투를 치렀다. 내 앞을 막아서는 자는 깨부수고 내가 공격한 자들은 모두 내게 굴복했다. 한 번도 싸움에 진 적 없이 마침내 천하의 패권을 잡았다. 하지만 지금 졸지에 이곳에서 곤궁에 처하게 되었으니 이것은 하늘이 나를 망친 것이지 내가 전투를 잘못한 죄가 아니다. 오늘 죽기를 각오하고 제군들을 위해 통쾌하게 싸워 반드시 세 번 이겨 제군들을 위해 포위망을 뚫고 장수의 목을 베고 깃발을 잘라 제군들로 하여금 하늘이 나를 망친 것이지 싸움을 잘못한 죄가 아님을 알게 하겠다.

항우의 우렁차고 비장한 목소리가 내 귓가를 때린다. 항우는 말한 그대로 행했다. 과연 겹겹이 쌓인 포위망을 뚫고 적장의 목을 베었고 수십 수백의 한나라 군사를 쓰러 뜨렸다. 항우는 자신이 이렇게 궁지에 몰린 것은 하늘이 그를 저버린 것이지 자신의 탓이 아님을 보여 주고 싶었던 것이다.

마침내 항우는 오강烏江에 도착했다. 이 강을 건너면 그의 고국이 있는 강동江東이다. 항우는 강을 건너 다시 세력을 규합하여 재기할 심산이었다. 한 뱃사공이 배를 대고 기다리고 있었다. 항우에게 말한다.

> 강동이 비록 작다고는 하지만 땅이 사방 천리이고 백성의 수가 10만이라 왕이 되시기에 충분합니다. 대왕께서는 속히 건너십시오. 지금 오직 제게만 배가 있어 한나라 군대가 당도해도 강을 건널 수 없습니다.

이 말이 영웅의 자존심을 건드렸다. 항우는 웃으며 말했다.

> 하늘이 나를 망쳤는데 내가 강을 건너서 뭘 어찌 할 수 있겠는가. 게다가 내가 강동의 자제 8천 명과 강을 건너 서쪽으로 향했지만 지금 한 사람도 돌아가는 자가 없다. 설령 강동의 부형들이 불쌍히 여겨 나를 왕으로 삼는다고 하더라도 내가 무슨 면목으로 그들을 볼 수 있겠는가. 설사 그들이 아무 말을 하지 않더라도 내 마음에 부끄러움이 없겠는가.

그러고 나서 항우는 사공에게 생사를 같이 했던 애마 추를 준 뒤 부하들을 말에서 내리게 하고 단검을 손에 들고 한나라 추격대를 향해 나아가 장렬한 최후를 마쳤다. 항우와 마지막까지 그를 따르던 26명 사나이들의 이야기다.

5.2. 경극 〈패왕별희〉

항우의 연인 우미인은 어떻게 되었을까. 사마천의 〈항우본기〉에는 아무런 말이 없다. 영화 〈패왕별희〉를 보면 그 궁금증이 풀린다. 영화의 시작부분에 선혈을 뚝뚝 흘리며 칼로 자신의 목을 베는 우미인의 모습을 그린 그림이 영화의 포스터로 등장한다. 우미인은 절망에 빠진 항우를 위로하기 위해 검무를 추다가 절개를 지키기 위해 자결했던 것이다.

공연이 시작된다. 호광회관의 〈패왕별희〉는 화려하다. 장국영이 주연했던 영화 〈패왕별희〉보다 더 현란하고 실감난다. 사면초가를 당해 실의에 빠져 당황해 하는 항우. 그러한 그를 안타깝게 바라보며 위로하려 애쓰는 우미인. 그 절박하고 애절한 상황이 가슴에 와 닿는다. 손끝을 크게 떨면서 당혹스러워 하는 항우의 모습을 표현하는 배우의 연기가 참으로 압권이다.

항우는 우미인에게 마차를 타고 뒤따르라고 한다. 그녀 없이는 싸울 의욕이 없었던 것이다. 여인은 이를 거절한다. 항우는 다시 그러면 차라리 유방에게 가서 목숨을 기탁하라고 말한다. 여인은 그의 말에 주저 없이 반박한다.

> 황제의 말씀은 옳지 않습니다. 충신은 두 임금을 섬기지 않고 어진 여인은 두 지아비를 두지 않습니다. 천하통일을 꿈꾼 황제께서 어찌 일개 계집에게 마음을 빼앗기려 하시나요. 이 계집의 사랑을 어여삐 여기신다면 마땅히 그 칼로 저의 목을 치시고 잊어주소서.

항우는 이를 거절하고 여인은 결코 혼자 살지는 않을 것임을 결심한다. 그리고 항우의 주의를 딴 곳으로 돌리고는 그의 칼을 빼앗아 스스로 목숨을 끊는다. 경극 〈패왕별희〉의 마지막 장면이다.

영화 〈패왕별희〉의 시작부분

5.3. 역사에 열광하는 중국인들

경극 〈패왕별희〉와 같은 공연예술이 중국 대중들의 사랑을 받기 시작한 것은 언제부터일까. 중국에서 대중문화가 꽃 피우기 시작한 것은 송나라 때부터다. 송대(960-1279)에 들어와 경제에 대한 정부의 규제가 완화되고, 차나 도자기와 같은 중국 제품의 대외무역이 번창하여 경제가 급속하게 성장했다. 경제의 발달은 도시문화의 번영으로 이어졌다.

당시 중국은 한 주가 지금처럼 7일이 아닌 10일이었다. 대도시 서민들은 한 주에 하루를 쉬었는데, 그렇다면 100만 인구의 송나라 수도 카이펑開封은 매일 전체 인구의 1/10인 10만 명이 직장에 나가지 않고 쉬게 되는 셈이다. 카이펑은 이들의 오락 욕구를 충족시켜줘야 했다. 게다가 송대에 시행된 통금 해제는 당시 오락문화의 발달을 가속화시켰다.

〈동광십삼절同光十三絶〉이란 그림이다. 청나라 동치同治(1862~1874)와 광서光緖(1875~1908) 연간에 활동했던 유명한 경극 배우 13명이 분장한 모습을 그림에 담았다. 현재 메이란팡기념관에 소장되어 있다.

통금의 해제는 당시 중국 도시 서민들의 생활패턴을 완전히 바꿔 놓았다. 거리로 쏟아져 나온 수많은 서민들로 카이펑의 밤은 항상 불야성을 이루었다. 서민들은 읽는 것보다 보고 듣는 것을 좋아했다. 이러한 서민들의 취향에 맞춰 스토리텔링과 공연문화가 발달했다. 저자 거리 한 귀퉁이에서 역사책《삼국지》에 나오는 손권과 유비의 연합군이 적벽赤壁에서 조조의 군대와 맞붙은 이야기, 북송 말엽에 기울어가는 나라를 구하기 위해 참전했던 양산박 영웅들의 이야기를 제스처를 곁들이며 재미나게 풀어 들려주던 이야기꾼의 이야기가 훗날 통속소설인 《삼국지연의》와 《수호지》를 탄생시켰다. 도시 서민들이 보고 듣고 싶어 했던 것은 러브 스토리와 역사에 관한 이야기들이었다. 중국인들은 특히 그들의 역사 이야기를 보고 듣는 것을 좋아했다.

영화 〈패왕별희〉를 보라. 찻집에서 경극 〈패왕별희〉를 보던 관객들이 배우들의 멋들어진 연기에 환호한다. 그들이 왜 이토록 경극 〈패왕별희〉에 열광하는 것일까. 관객들은 항우와 우미인의 애틋한 러브 스토리를 환히 꿰고 있다. 너무나 잘 알고 있기에 줄줄 왼다. 아는 내용을 보고 또 봐도 지겹지가 않다. 아무리 들어도 좋다. 중국인들은 그들의 역사를 사랑한다. 자랑스러워 한다. 자신들이 익히 알고 있는 이야기를 배우들이 너무나 완벽하게 재현해내기에 그들에게 환호하며 박수갈채를 보내는 것이다.

근데 요즘 중국의 신세대들은 경극에 별 관심이 없다. 입장료 비싼 호광회관에서 경극을 보는 사람은 푸른 눈을 가진 서양 관광객들뿐이다. 중국의 신세대는 경극을 보지 않는다. 그들은 경극보다 아우디와 애니콜 그리고 송혜교에 열광한다. 이제 역사는 그들에게 도외시度外視의 대상이 되어 버린 것인가.

경극의 배역은 크게 4가지로 분류된다. 남자 배역을 생生, 여자 배역을 단旦, 과장된 색채와 선으로 화려하게 얼굴 분장을 한 성격파 배역을 정淨이라고 한다. 주로 호방한 남성을 연기한다. 강렬하고 성량이 풍부한 음성과 커다란 동작으로 호방하고 강직하며 때로는 음험하고 터프한 남성상을 연기한다. 노래를 주로 부르는 정정正淨(대부분 신분과 지위가 높은 조정의 충신이나 충성심 강한 나이 든 장수를 연기하며, 강직하고 웅혼하며 정의감을 갖춘 인물을 표현한다)과 동작 위주의 부정副淨, 무예 위주의 무정武淨으로 구분된다. 마지막으로, 우스운 몸짓이나 코믹한 대사로 관객을 웃기는 어릿광대 역할을 하는 배역을 축丑라고 한다. 눈과 코 주위에 흰색으로 조그맣게 분칠을 하고 있어 쉽게 알아볼 수 있다.

배우들의 메이크업만 봐도 그 배우의 역할과 성격을 쉽게 파악할 수 있다. 메이크업이 역할마다 서로 다르다. 이걸 '검보'라고 한다. 붉은색은 충성스럽고 강직한 성격을 표현한다. 이런 붉은 얼굴로 분장한 남자배역을 홍생紅生이라고 부르는데, 의리의 화신인 관우가 대표적이다. 자주색은 비교적 중후하고 강직한 성격을 지닌 인물을, 분홍색은 주로 충성스럽고 용감하지만 나이가 들어 혈기가 떨어진 인물, 검은색은 강직하고 엄숙한 성격을 상징적으로 표현한다. 강직함과 청렴의 대명사인 송나라 때 판관 포청천과 흑선풍이란 별명을 가진 어리석지만 솔직한 성격을 지닌 양산박의 영웅 이규李逵가 대표적인 인물이다. 얼굴 전체를 하얗게 칠하는 분백粉白은 속셈이 깊고 음험하며 교활한 성격을 상징적으로 묘사한다. 난세의 간웅 조조曹操와 명나라 때 국정을 전횡한 간신 엄숭嚴嵩이 대표적인 인물이다. 유백油白은 주로 독불장군처럼 거만하고 고집불통인 성격을 표현하는 데 사용한다. 제갈량의 명을 어기고 제멋대로 처단하다 결국에는 참수 당한 마속馬謖이

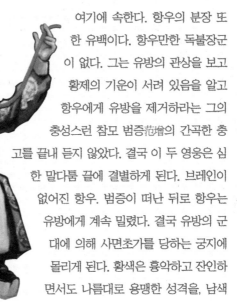

여기에 속한다. 항우의 분장 또
한 유백이다. 항우만한 독불장군
이 없다. 그는 유방의 관상을 보고
황제의 기운이 서려 있음을 알고
항우에게 유방을 제거하라는 그의
충성스런 참모 범증范增의 간곡한 충
고를 끝내 듣지 않았다. 결국 이 두 영웅은 심
한 말다툼 끝에 결별하게 된다. 브레인이
없어진 항우. 범증이 떠난 뒤로 항우는
유방에게 계속 밀렸다. 결국 유방의 군
대에 의해 사면초가를 당하는 궁지에
몰리게 된다. 황색은 흉악하고 잔인하
면서도 나름대로 용맹한 성격을, 남색
은 흉악하고 난폭한 성격을 나타낸다. 녹색은 급하고 거칠며 난폭한 개성을 표현한
다. 금색과 은색은 신비한 느낌을 주기 때문에 주로 신선이나 요괴를 표현하는 데 사
용된다.

베이징 서북쪽 ★5

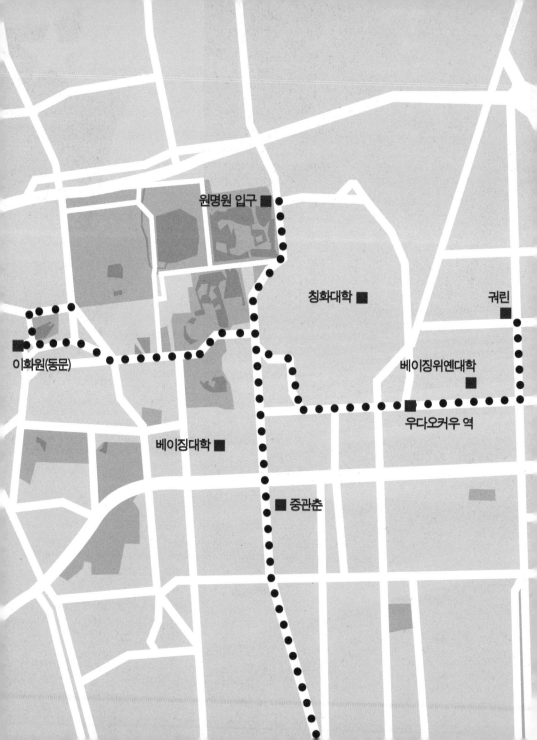

원명원 입구 ■

칭화대학 ■

궈린 ■

이화원(동문) ■

베이징위엔대학 ■

우다오커우 역

베이징대학 ■

■ 중관춘

⑤ 베이징 서북쪽

중관춘中關村 ▶▶ 원명원圓明園 ▶▶ 이화원▶▶ 베이징대학北京大學

▶▶우다오커우五道口

베이징의 서북쪽에 위치한 해정구海淀區하이뎬취는 옛 황제들의 여름별궁과 대학촌 그리고 하이테크로 유명한 지역이다. 그 유명한 베이징대학과 칭화대학淸華大學 등 베이징의 굵직굵직한 대학들이 모두 이곳에 몰려있다. '해정海淀'에서 '해海'는 베이징 사람들이 호수를 일컫는 말이다. 이 지역은 예로부터 호수와 늪지대가 많았다고 한다. 물이 풍부한 곳이라 땅이 비옥했고 호수가 만들어내는 아름다운 경관으로 베이징의 황제와 고관대작들이 이곳에 별장을 많이 지었다. 그래서 오늘 찾아가는 원명원과 또 다른 황제의 여름별장인 이화원 역시 이 지역에 자리 잡고 있다.

1. 중관춘의 하이테크

독자가 이 책을 읽을 때쯤에는 아마도 지하철 4호선이 개통되어 있지 않을까. 그렇다면 시즈먼西直門역에서 4호선으로 갈아타서 중관춘역에서 내리자. 중관춘中關村. 마치 용산 전자상가에 온 것 같은 느낌이 들 것이다. 시중보다 전자제품을 매우 저렴하게 살 수 있어 베이징의 알뜰한 신세대들은 발품을 팔아서라도 모두 여기에 와서 컴퓨터나 핸드폰을 구매한다. 그만큼 가격이 싸다.

중관춘은 1980년에 중국사회과학원의 한 과학자가 연구실을 박차고 나가 최초로 개인 하이테크 기업을 이곳에 세우고부터 중국 실리콘벨리의 터전으로 자리 잡기 시작했다. 중관춘은 바로 근처 베이징대학, 칭화대학, 중국사회과학원에서 공부하는 중국 최고의 엘리트들과의 연계를 통해 자연스럽게 중국 하이테크의 중심으로 자리 잡았다.

진흙으로 질퍽이는 좁은 길을 오가는 트럭과 자전거 그리고 우마차로 붐비던 이곳이 이젠 중국에서도 유명한 사이버월드의 중심으로 탈바꿈했다.

2. 건륭제와 원명원의 분수

주소: 海淀區 淸華西路 28號.
개방시간: 여름 7:00-19:00, 겨울 7:00-17:30
입장료: 門票 10원, 西洋樓 15원.
교통편: 지하철 4호선 위안밍위안동먼圓明園東門역.
관련 사이트: http://www.yuanmingyuanpark.com

장춘원長春園창춘위안 · 원명원圓明園위안밍위안 · 기춘원綺春園치춘위안 등 3개
의 황실 원림을 합친 엄청난 크기의 원명원은 청나라 강희제(재위 1662-1722)
가 조성한 여름별궁이다. 강희제는 1690년에 금나라와 원나라의 통치자들
이 여름별궁으로 사용했던 옛 터에다 장춘원을 조성했고, 1709년에는 미래
의 옹정제가 될 아들 윤진을 위해 장춘원의 북쪽에다 더 큰 여름별궁인 원
명원을 지었다. 뒤에 옹정제와 건륭제는 이 원명원을 확장했다. 딱딱하고
황량하기 그지없는 숨 막히는 자금성보다는 호수가 있고 시냇물이 흐르는
자연친화적인 이곳이 본래 초원에서 말을 달리며 자유롭게 살았던 만주족
황제들에게 평온함을 느끼게 했을 것이다.

2.1. 원명원의 분수

지하철 4호선을 타고 위안밍위안둥먼역에 내리자. 원명원에서 꼭 들러볼
곳은 서양루西洋樓시양러우다. 원명원의 동북쪽 모퉁이에 위치한 서양루는

서양루의 모습을 새긴 동판화. 중앙의 분수 양 옆을 장식하고 있는 조각상들이 보이는가. 1860년 영불 연합군이 떼어 간, 십이지 열 두 동물의 조각상들이다.

건륭제(재위 1736-1795)가 이탈리아 예수회 선교사였던 카스틸리오네Giuseppe Castiglione(1688-1766)에게 명하여 지은 것이다. 어릴 적 할아버지인 강희제의 손을 잡고 장춘원과 원명원에 자주 놀러 왔던 건륭제는 이 여름별궁에 깊은 애착을 느꼈다. 특히 그는 원명원에서 시간을 보내는 것을 좋아했다고 한다. 그래서 그는 황제가 된 뒤에 이 원명원을 아름다운 정원으로 꾸며 놓았다. 근데 건륭제가 왜 그가 아끼는 원림에다 이탈리아풍의 서양식 건물을 지을 생각을 했던 걸까. 1747년에 건륭제는 카스틸리오네가 그에게 보여 준 그림에 그려져 있던 유럽의 분수를 보고 큰 충격을 받았다고 한다. 그는 그가 본 그림과 똑같은 유럽식 분수를 만들 것을 명했다. 이 일은 수리학과 기계학 그리고 수학에 뛰어났던 프랑스 신부 브노아Benoist(1715-1774)에게 맡겨졌다. 그리고 건륭제는 이 분수와 어울리는 유럽식 궁전의 설계를 카스틸리오네에게 의뢰했다. 그래서 만들어진 서양루는 프랑스의 베르사이유 궁전을 모방해 지은 것이라고 한다.

중국 황제의 여름별장 안에 세워진 이 유럽식 궁전은 건축기술과 스타일에 있어 유럽과 중국의 합작품이라 할 수 있다. 중국 스타일의 타일 지붕은 바로크풍의 장식용 벽기둥과 결합했다. 건륭제는 할아버지 강희제가 열하熱河러허에다 라사에 있는 포탈라궁을 그대로 재현해 놓았던 것이나 자신이 옹화궁을 티베트 라마사원으로 리모델링했던 것과 마찬가지로 자신의 여름별궁 안에 유럽식 궁전을 건설함으로써 이 건축물이 시작되었던 나라들, 즉 유럽 각국을 지배해 보겠다는 바람을 표현하려는 의도를 갖고 있었다.

서양루에서 우리에게 강한 인상을 주는 것은 유달리 눈에 많이 띄는 분수다. 이곳은 온통 분수 투성이다. 왜일까. 건륭제가 왜 카스틸리오네가 보여준 그림을 보고 유럽식 분수의 건립에 열을 올렸던 것일까. 이전에 중국은 분수를 만들어 낼 기술이 없었다고 한다. 그래서 유럽에서 온 선교사들의 힘을 빌었다. 신통력을 부린 것도 아닌데 물이 솟구친다. 경이롭지 않을 수 없다. 카스틸리오네의 그림을 보고 건륭제가 그렇게 생각했을 것이다. 분수의 원리는 높은 곳에서 낮은 곳으로 물을 흘려보내 생기는 압력을 이용한 것이라고 한다. 그래서 산이 많은 이탈리아에서 이 기술이 발달했다. 건륭제가 유난히 관심을 보였던 유럽의 문물은 자명종과 분수다. 중국의 황제가 유럽의 이러한 고도의 과학기술이 샘이 나도록 부러웠던 모양이다.

2.2. 겉과 속이 다른 건륭제

중국이 유럽과 그들의 문화를 접하게 된 것은 16세기에서 18세기에 이르는 기간으로 주로 유럽의 예수회 선교사들을 통해서 이루어 졌다. 중국은 기독교를 받아들이는 데 주저했다. 중국의 종교적 절충주의가 근본적으로 '배타적인' 기독교와 화합하기 어려웠고, 중국인들은 외래 종교의 침투를 외국 열강 침략의 선행 단계로 생각했기 때문이다. 그래서 강희제와 건륭제가 중국을 통치하던 17세기 말과 18세기 중국은 서구와의 교역과 중국으로 흘러 들어오는 서구 사상에 냉담했다.

1793년 건륭제가 영국의 특사 머카트니를 향해 "우리는 영국 제품이 필요 없다"고 단언한 것은 이 시기 중국인들의 유럽 인식을 상징적으로 대변한

폐허로 남아 있는 원명원의 서양루

다. 근데 참으로 아이러니한 것은 강희제와 건륭제 그리고 당시 엘리트들이 유럽 문화에 열광했다는 사실이다. 바로 앞 시기 유럽인들이 차나 자기와 같은 중국 제품에 몰두했던 현상과 대비된다.

겉과 속이 다른 건륭제. 그가 "우리는 영국 제품이 필요 없다"고 외친 것은 위기의식에서 비롯된 것이 아닐까. 건륭제는 공식적으로는 영국 제품에 무관심을 표명했지만 내부적으로는 유럽에 관해 지대한 관심을 보였다. 서구에 대한 끊임없는 스터디를 통해 서구에 대처할 방안을 모색하려 했던 것 같다. 건륭제가 유럽의 자명종과 분수에 관심을 보였던 것은 바로 이 때문이다.

2.3. 건륭제와 머카트니

강희제와 옹정제 그리고 건륭제의 치세기간에 청나라의 번영은 극에 달했다. 오르막이 있으면 내리막도 있는 법. 건륭제가 황위에서 물러난 뒤 청나라의 전성기는 다시 돌아오지 않았다. 건륭제의 통치 말기는 반란의 그늘이 드리워지기 시작했고 그의 타락한 총신인 화곤의 풍기문란으로 얼룩졌다.

차 이야기를 좀 해보자. 17세기 초반에 네덜란드를 통해 영국인들은 처음으로 중국차를 접하기 시작했다. 18세기에 와서 차는 영국인들에게 없어서는 안 될 기호 식품으로 자리 잡았다. 이제 그들은 하루도 차 없이는 살 수 없게 되었다. 그래서 중국 광저우 항에서 수출되는 차는 영국 동인도회사의 주요 무역 품목이 되었다. 당시 광저우에서 행해졌던 서구와의 무역은 공행 公行이란 중국 정부의 허가를 받은 상인들이 담합을 통해 독점하고 있었으며, 유럽인들은 항구에 들어올 때마다 중국 관료들에게 대가를 지불해야 했다. 유럽인들은 또한 중국과의 무역에 있어 각종 제약에 묶여 있었다. 예를 들면, 그들은 임신을 한 아내와 동행할 수 없었고, 임의로 도시로 들어갈 수도 없었다. 영국 회사의 관리자들은 중국 상인과 관료들의 특권 남용에 대항해 자신들을 방어하려고 애썼다. 중국의 관리들은 언제든 '선물'과 각종 수수료를 요구할 태세였고 그것은 결국 관행이 되어 버렸다.

1793년 영국 정부는 결국 중국에 외교사절을 파견하기로 결정했다. 광저우뿐만 아니라 닝보, 톈진 그리고 북쪽의 다른 항구들에서도 무역을 할 수 있도록 요구하기 위해서였다. 그밖에도 몇 개의 섬을 물류기지로 제공받고, 정부의 관세를 제외한 다른 어떠한 '세금'도 내지 않아도 된다는 약조를 받고 싶었다. 지방 관리들에게 '선물'을 상납해야 되는, 영국인들에게는 약탈이나 다름없는 그 관행을 없애고 싶었던 것이다.

그 임무는 조지 3세의 사촌인 조지 머카트니George Macartney에게 주어졌다. 중국의 황제에게 줄 선물을 운반하기 위해 마차 40대에 말 200마리, 궤짝 600개 그리고 3천명의 인부가 동원되었다. 이 엄청난 양의 보물은 바다 건너 잘 알려지지 않은 소국의, 조공무역에 미친 야만인 상인들이 가져온 '공물'로 분류되었으며, 청나라 고관들은 그들이 중국의 의례를 준수해야 함을 분명히 밝혔다. 그들은 건륭제가 머물고 있던 여름별장이 있는 러허에 도착한 영국인들은 황제 앞에서 바닥에 세 번 무릎을 꿇고 아홉 번 머리를 조아리는 이른바 '커우터우叩頭' 의식을 해야 할 지 결정을 내려야 했다. 궁리 끝에 머카트니는 자신과 같은 지위의 청나라 고관들이 영국 왕의 초상화에 똑같이 존경을 표한다면 기꺼이 커우터우를 하겠다는 메모를 건넸다. 격분한 신하들의 만류에도 불구하고 건륭제는 그의 뜻을 받아들였다. 머카트니는 유럽식으로 무릎을 꿇고 황제에게 품위 있게 경의를 표했다. 그런 다음 중국 황제가 조지 3세에게 보내는 서신을 받았지만 결국 그는 아무것도 이루지 못한 채 중국을 떠나야 했다. 중국은 '하늘 아래' 모든 만물을 풍족하게 소유하고 있으므로 광저우 외에는 유럽인들에게 다른 어떠한 무역항도 허가할 필요가 없다는 결론을 내렸다.

커우터우의 거부는 중국과 유럽 사이 힘의 균형관계에서 근본적인 변화가 일어나고 있음을 상징했다. 유럽인들은 더 이상 중국 황제에게 머리를 조아리지 않았다. 그들은 이제 중국을 더 이상 존경스러운 '철학자들의 제국'으로 보지 않았다. 단지 자신들의 군사력으로 분할하고 정복해야 할, 비대하지만 허약한 나라로 보았다.

2.4. 정화의 해외원정, 생각의 차이가 세계를 변화시킨다

이민족 몽골이 세운 원나라를 멸망시키고 중국을 '되찾은' 제국의 위엄을 과시하고 싶었던 명나라의 영락제(재위 1402-1424)는 1405년 가장 신임했던 부하 가운데 한 사람인 회교도 환관 정화鄭和(1371-1433)에게 중국 남부의 교역로를 따라 해양 원정을 떠나도록 명했다.

최초의 해외 원정을 위해 결성된 대함대는 62척의 대형 선박과 225척의 소형 선박에 2만 7천명의 해군들로 조직되었다. 큰 배는 길이가 150m에 너비가 70m, 돛대가 9개나 달렸고, 작은 배들은 길이가 45m에 너비가 20m, 돛대가 5개였다. 정화의 휘하에는 2명의 장군과 100여 명의 장교, 2명의 의례 전문가, 점술가 1명, 기상학자 4명, 의사가 100명 그리고 아랍어로부터 미얀

일각수—角獸를 찾아보라는 영락제의 명을 받들어 1414년에 소말리아에서 정화가 싣고 온 기린이다. 뿔이 하나 달린 동물, 일각수는 기린이라고도 불린다. 일각수는 세계가 태평할 때 출현한다고 전해지는 상서로운 동물이다. 신화 속에 나오는 동물이 현실 속에 있을 리 만무하다. 황제의 명을 거역할 수 없기에 정화는 궁여지책으로 아프리카 원주민이 공물로 바친 기린을 배에 싣고 왔다.

마어에 이르기까지 아시아의 모든 언어를 통역할 수 있는 통역단이 있었다. 여기에 비서일과 시종 일을 맡은 70명의 환관과 외교관 역할을 수행할 7명의 환관도 있었다.

정화의 원정은 1405년에서 1433년까지 7차에 걸쳐 계속되었다. 3차까지의 항해는 인도와 교역로 상의 여러 무역항을 방문했다. 제4차 항해는 인도를 넘어 페르시아 만의 호르무즈에 이르렀고, 마지막 세 차례의 항해에서는 아프리카 동부 해안의 말린디까지 이르렀다.

정화의 해외원정은 유럽인들의 그것과는 근본적으로 달랐다. 정화는 바스코 다가마나 콜럼버스와 같은 의미에서의 탐험 항해를 하지 않았다. 중국이 외국과 이미 다져 놓은 기존의 교역로를 따라갔을 뿐이었다. 정화의 원정은 새로운 땅을 '개척'하기 위한 다분히 영리 추구에 목적을 둔 유럽의 탐험과는 달리 기존에 쌓아 놓은 관계를 '관리'하기 위한 외교적 목적에 역점을 두었다. 그들의 목적은 멀리 떨어져 있는 나라들까지 명나라의 조공 체계에 편입시키려는 것이었다. 정화는 선물을 교환하고, 조공 품목을 기록했으며, 지리적 정보나 상서로운 일각수로 관심을 모은 기린 같은 중국인들이 보기에 희귀한 동물을 가지고 돌아왔다.

1433년 정화의 원정이 끝난 후 아무도 그 뒤를 잇지 않았다는 것은 놀라운 사실이다. 명나라는 더 이상 앞으로 나갈 것을 거부했다. 유럽인들이 대항해 시대를 연 것은 그로부터 50년이나 지난 뒤였다. 1433년 이후 37년이 지나서 포르투갈의 탐험대가 먼 남쪽의 아프리카 서부 해안을 탐험했다. 59년이 지나 콜럼버스가 총 450톤의 조그만 배 세 척으로 항해를 떠났다. 정화의 대함대가 보유했던 큰 배 한 척이 대략 3천 톤급이라는 사실과 비교해 볼 때 너무나 대소석이나.

마지막 7차 원정에서 돌아오는 길에 정화는 대양 한가운데서 숨을 거두었다. 그의 함대는 1433년 고국으로 돌아왔고 다시는 항해에 나서지 않았다. 그 배들은 결국 부두에 정박된 채 썩어 버렸다.

2.5. 원명원의 미궁

황화진黃花陣황화전. 유럽의 미궁을 모방해 만든 것이다. 중추절 날 밤에 중국 황제는 미궁의 중앙에 있는 둥근 정자에 앉아 있으면서 황색 명주로 만든 연꽃 모양의 등을 손에 들고 가장 빨리 정자에 도착한 궁녀에게 상을 내

황화진黃花陣

렸다고 한다. 미궁의 입구에서 중앙의 정자까지 직경 30m를 넘지 않지만 미궁이란 게 들어가긴 쉬워도 나오기는 어려운 것. 달밤에 환한 등불을 들고 상금을 타겠다는 욕심에 궁녀들이 미궁 속을 이리저리 헤매고 다니는 모습이 정자 위에서 바라보는 황제에게는 마치 어둠 속에 빛을 발하는 수많은 반딧불이처럼 보였을 것이다.

건륭제의 애정이 담긴 이 서양식 정원의 운명은 오래 가지 못했다. 분수는 1799년 건륭제가 죽기 전에 물이 말랐고, 1860년에 원명원은 엘긴 경Lord Elgin이 이끄는 영불 연합군에 의해 약탈되고 파괴되었다. 1860년 늦은 여름 영불 연합군이 베이징을 침입하자 함풍제와 그의 조정은 젊은 공친왕만 협상자로 남겨둔 채 러허로 피신했다. 협상할 상대가 없음을 알게 된 영불 연합군은 협상을 회피하고 도망간 중국의 황제를 '벌하기' 위해 그가 아끼는 여름행궁인 원명원을 불태우기로 결정했다.

원명원을 둘러보면 완전히 폐허다. 중국인들은 원명원을 중국의 치욕으로 여긴다. 그래서 중국 정부는 과거의 치욕을 잊지 말라고 원명원을 복구하지 않고 그대로 두었다.

서양루를 벗어나면 원명원의 다른 지역은 너무나 조용하다. 원명원은 정말 크다. 한적함에 빠져 정처 없이 옛 황제의 별장을 거닐다가 자칫 길을 잃고 헤맬 수 있다.

3. 이화원과 서태후

주소: 海淀區 新建宮門 19號.
개방시간: 11월-3월 7:00-17:00, 4월-10월 6:30-18:00.
입장료: 20원/30원.
교통편: 330, 374, 726, 808, 810번 버스.
관련 사이트: http://www.yiheyuan.com

다음 목적지는 원명원과 마찬가지로 청나라 황제들의 여름별장이던 이화원이다. 근데 왜 그들에게 여름별장이 필요했던 것일까. 원나라를 세웠던 몽골들과 마찬가지로 만리장성 너머 추운 초원에서 생활했던 청나라 만주족들에게 베이징의 무더운 여름은 참으로 견디기 어려웠을 것이다. 유목생활을 했던 그들에게 대도시 생활은 익숙하지 않았다. 도시의 소음에 참다못한 청나라의 황제는 1648년에 베이징 성 안에서 모든 행상들을 '침묵' 하게 했다. 그들이 떠드는 소리가 만주족 황족들을 괴롭혔던 것이다. 이런 이유로 해서 청나라 황제들은 만리장성 너머 만주 땅 러허에 피서산장避暑山莊비수산장을 지어 놓고 그곳에서 더위와 소음을 피했다. 이후에 같은 목적으로 그들이 베이징의 서북쪽에다 세운 또 다른 여름별장이 바로 이화원과 원명원이다. 이화원이 현재의 모습을 갖추기 시작한 것은 1750년 어머니의 60세 생신을 축하하기 위해 기존의 것을 개축하기 시작했던 건륭제 때부터다.

원명원에서 이화원은 매우 가깝다. 원명원에서 이화원으로 가는 버스도 많고, 가까우니 택시를 이용해도 된다. 이화원의 정문인 동문 앞은 중국 각

이화원의 곤명호. 멀리 만수산 위 불향각이 바라보인다.

지에서 온 관광객들을 실은 관광버스들로 교통이 마비될 정도다. 항상 인산 인해다.

이화원으로 들면서 가장 먼저 마주치는 건물은 서태후가 정무를 보던 인수전仁壽殿런서우뎬이다. 《논어》에서 그 이름을 따왔다. 그 뒤에 위치한 옥란당玉瀾堂위란탕은 1898년에서 1908년까지 광서제(재위 1874-1908)가 감금되어 있던 곳이다. 왜 황제를 감금했을까. 1898년에 서태후가 조카인 23세의 광서제에게 친정親政을 허락하자 광서제는 캉유웨이康有爲(1858-1927)의 도움을 받아 개혁을 추진했다. 광서제는 교육, 상업, 정부와 군사 분야의 개혁을 명하는 칙령을 계속하여 발포했다. 이러한 일이 3개월 동안 지속되자 서태후는 이를 더는 두고 볼 수 없었다. 개혁으로 만주족의 위치가 위태로워질 것을 염려한 그녀는 광서제를 유폐시키고 개혁가들을 잡아 처형했다. 당시 개혁을 주도했던 캉유웨이와 량치차오梁啓超(1873-1929)는 베이징을 탈출하여 가까스로 일본으로 도피했다.

몇 개의 문들을 통과하여 모퉁이를 돌면 갑자기 눈 앞에 만수산萬壽山완서우산과 곤명호昆明湖쿤밍후의 장관이 펼쳐진다. 항저우에 있는 아름다운 호수인 서호西湖시후를 본떠 곤명호를 만들고 그 흙을 쌓아 만수산을 만들었다고 한다. 만수산 위에는 우한武漢에 있는 유명한 황학루黃鶴樓황허러우를 본떠 만들었다는 불향각佛香閣포샹거이 위용을 자랑한다. 이름대로 이화원은 중국인들이 원림園林이라 부르는 정원이다. 중국인들은 정원에다 자연과 조화로운 세계를 창조하고 싶어 한다. 그래서 그들의 정원에는 항상 산과 물이 존재한다. 이화원 또한 예외가 아니라서 만수산은 양을, 그 아래 곤명호는 음을 표상한다.

곤명호에는 남호도南湖島난후다오, 조감당도藻鑒堂島짜오지엔탕다오, 치경각도治鏡閣島즈징거다오 등 세 개의 섬이 있다. 이 섬들은 고대의 '삼신산三神山'을 상징한다. 고대 중국인들은 그들 문화의 상징인 황허가 흘러드는 곳에 유토피아가 있다고 믿었다. 이 삼신산은 동쪽 바다에 있는 유토피아다. 이에 관해 사마천은《사기》란 역사책에 다음과 같은 전설을 전한다.

제위왕(재위 기원전 356-기원전 320)과 제선왕(재위 기원전 319-기원전 301) 그리고 연소왕(재위 기원전 311-기원전 279) 때부터 사람을 시켜 바다에 들어가 봉래와 방상 그리고 영수를 찾게 했나. 이 세 신령스러운 산은 선하는 날에 의하던 발해 한가운데에 있는데 속세로부터 그리 멀지 않다고 한다. 막 이르렀다고 생각되면 배가 바람에 끌려 가버린다. 언젠가 가본 사람이 있었는데 여러 신선들과 불사약이 모두 거기에 있었다. 그곳에 있는 사물과 짐승들은 모두 희고 황금과 은으로 궁궐을 지었다고 한다. 이르기 전에 멀리서 바라보면 마치 구름과 같은데 막상 도착해 보면 삼신산은 도리어 물 아래에 있다. 배를 대려 하면 바람이 문득 끌어가 버려 끝내 아무도 도달할 수 없다고 한다.

진시황제 때 서시徐市라는 제나라 출신의 마법사가 있었다. 그는 진시황제에게 상소를 올려 신선들이 산다는 삼신산을 찾아가 불사약을 구해올 것을 청했다. 그 넓은 중국을 통일하고 천하의 모든 것을 소유했던 진시황제가 마음대로 못하는 게 딱 한 가지 있었다. 바로 목숨에 관한 것이다. 그는 불로장생을 하고 싶었다. 그래서 그의 청을 받아들여 수천 명의 선남선녀와 함께 바다로 들어가 신선을 찾아보게 했다. 기원전 219년에 있었던 일이다. 근데 서시는 끝내 돌아오지 않았다. 전설에 따르면 서시는 일본으로 가 후지산 기슭에 정착했다고 한다. 뒤늦게 속은 것을 알고 서시와 같은 지식인들을 불신하게 된 진시황제는 진나라 수도인 셴양咸陽에서 당시 지식인 460명을 생매장했다. 이것이 그 유명한 분서갱유焚書坑儒다.

호숫가 좁은 통로를 지나면 낙수당樂壽堂러서우탕이 나온다. 서태후가 매년 4월부터 10월까지 기거했던 곳이다. 서태후(1835-1908). 이름은 옥란玉蘭. 나라를 말아먹은 여인, 중국인들의 서태후에 대한 인식이다. 서태후는 16세에

1905년에 Hubert Vos가 그린 서태후의 초상화

궁녀로 궁에 들어가 궁궐 생활을 시작했다. 그녀는 무서우리만치 정치적 야욕이 강한 여인이었다. 함풍제(재위 1851-1862)의 관심을 끌기 위해 자금성 안에 있는 정원인 어화원에서 기다리고 있다가 황제가 지나갈 시간에 맞춰 노래를 불러서 환심을 샀던 야심 강한 여인 서태후. 그녀는 남다른 교양과 미모로 함풍제의 마음을 사로잡았다. 서태후는 함풍제의 유일한 아들을 낳은 덕에 함풍제가 죽고 왕위에 오른 다섯 살배기 어린 아들 동치제(재위 1861-1875)를 도와 섭정함으로써 권력을 손에 쥐었다.

당시 서태후는 황후가 아닌 후궁이었다. 황제가 황후의 소생이 아니었기에 함풍제의 황후와 동치제의 생모인 후궁이 황태후로서 함께 황제를 돕게 되었다. 두 태후는 어전의 위치에 따라 동태후와 서태후로 불렸다. 정치에 별 관심이 없던 동태후 대신 실권을 잡은 것은 야심에 찬 서태후였다. 동치제가 천화라는 병에 걸려 19세의 어린 나이에 죽었다. 아들의 죽음을 보고,

여인의 몸으로 중국을 경영해야 할 막중한 책임을 맡았으니 어찌 보면 서태후는 불행한 여인이었다. 부와 권력에 대한 집착이 강했던 서태후는 자신이 계속하여 섭정할 수 있도록 세 살 난 조카를 계승자로 임명했다. 그가 바로 불운의 황제 광서제다. 권력의 유지에 눈이 어두운 서태후는 문인관료들보다 환관들을 신임했다. 그녀의 지원으로 환관들은 부와 권력을 누릴 수 있었다.

환관 이연영

중국 역사에는 악명 높은 환관들이 많다. 진나라를 멸망시키는 데 일조를 했던 조고趙高(기원전 207년 졸), 당나라 때 현종의 총애를 등에 업고 권력을 휘둘렸던 고력사高力士(684-762) 그리고 명나라 말 문인관료를 탄압하며 정치를 농단하여 명나라의 멸망을 재촉했던 위충현魏忠賢(1627년 졸) 등 황제를 가장 측근에서 모신다는 이점 때문에 환관들은 황제의 총애와 신임을 얻을 수 있어 이를 이용해 무소불위의 권력을 행사한 사례가 많았다. 악명 높은 환관들은 황제에 버금가는 권력을 행사했다. 환관의 전횡으로 얼룩졌던 명나라의 전철을 밟지 않기 위해 청나라 황제들은 환관의 수를 줄이고 그들의 정치 개입을 철저히 차단했다. 그러나 서태후가 집권하면서 환관들이 다시 발호하기 시작했다. 중국 역사상 가장 간사한 환관으로 이름난 이연영李連英(1848-1911)은 서태후가 가장 총애하던 환관이었다.

환관. 불알 깐 어중간한 사내. 궁 안 후궁들의 정조를 더럽힐 것이 염려되어 후궁들의 시중을 드는 모든 사내들을 거세해야 한다는 주장이 후한의 광무제에 의해 처음으로 제기되었다. 거세는 황궁의 성벽 바로 바깥에서 이루어졌다. 거세된 남자라는 수치스러움을 감내하는 것만이 비참한 가난에서 벗어날 수 있는 유일한 길이었기에 거세를 자진하거나 아니면 그들의 부모나 아동 밀매상들에 의해 팔려왔다. 상처가 아물면 거세했다는 증명서를 받아 궁으로 들어가 환관이 될 수 있었다.

환관들은 궁궐 안의 온갖 궂은 일을 도맡아 했다. 부엌일과 청소 같은 허드렛일에서부터 악사와 배우 또는 광대, 심지어 가장 높은 지위에 있는 환관은 옥쇄의 관리를 책임졌다. 역대로 환관들의 전횡은 당나라와 명나라 때 극에 달했다. 황제에 버금가는 권력을 휘둘렀다. 하지만 대부분의 환관들은 그들의 주인에게 충실했다.

9살에 궁으로 들어간 이연영은 머리 빗질을 잘해서 서태후의 총애를 받았다. 그는 또한 안마의 달인이었다. 서태후가 아무리 피곤해도 그의 손길만 거치면 가뿐히 나았다고 한다. 심지어 이연영은 경극 마니아로 잘 알려진 서태후의 환심을 사기 위해 경극을 배웠다고 한다.

서태후와 이연영은 환상의 명콤비였다. 이연영은 서태후의 신임을 얻기 위해 궁에서 일어나는 모든 일들을 보고했다. 아들이 태자인 것을 믿고 정사에 간여하는

서태후가 두려운 나머지 제거하여 후환을 없애려 한다는 이야기를 엿듣고 이 사실을 서태후에게 일러 바쳐 서태후가 사전에 조치를 취할 수 있도록 함으로써 서태후의 막강한 신임을 얻었다.

이연영은 또한 이홍장과 같은 당대의 권력자들과 돈독한 관계를 유지했으며, 무술정변의 실패로 광서제가 영대瀛臺잉타이에 연금되고, 8개국 연합군이 베이징을 침입하고, 진비珍妃가 죽임을 당하는 일련의 정치적 혼란의 소용돌이 속에서 서태후를 위해 묵묵히 악역을 담당했다.

8개국 연합군이 베이징을 공격했을 때는 서태후를 따라 시안으로

피신했다. 원명원이 영불 연합군에 의해 불타자 만감이 교차되던 함풍제는 몸져 눕더니 다시는 일어나지 못하고 러허에서 죽었다. 서태후의 총애를 한 몸에 받았던 이연영.

1874년 동치제가 요절하자 순친왕의 3살 난 아들을 황제의 자리에 옹립하자고 서태후에 건의한 사람이다. 그래서 어린 나이에 황제가 된 이가 광서제다. 서태후가 이연영의 재치로 수렴청정을 한 번 더 하게 된 꼴이다. 이연영이가 얼마나 대견했을까. 이연영은 61세에 궁을 나왔다. 서태후가 죽은 뒤에는 서태후의 무덤을 지켰다. 평생 서태후의 곁을 떠나지 않고 보필했던 충직한 환관이었다.

《서유기》의 장면을 재현해 놓은 장랑의 장식 그림 (좌) / 이화원의 석방 (우)

　낙수당을 지나면 유명한 장랑長廊창랑이 나온다. 정확히 728m나 되는 장랑을 끝까지 한 번 걸어가 보라. 이제까지 우리는 베이징에 있는 많은 문화 유적지를 돌아보았다. 근데 많은 건물들이 시멘트로 만든 것이다. 장랑도 그렇다. 장랑은 거기에 붙여 놓은 수많은 그림으로 유명하다. 근데 종이에 그림을 그려다가 장랑에 발라 놓은 것이다. 그밖에도 많은 정자나 전각의 기둥들을 시멘트로 만들어 놓고 종이를 발라 모양을 내었다. 우리는 시멘트 건물을 돈을 주고 구경하고 있다. 너무하단 생각이 든다.

　장랑의 끝이 보인다. 호숫가에 크고 정교하게 만든 배가 한 척 외롭게 정박해 있다. 석방石舫이라는 돌로 만들어 움직일 수 없는 배다. 2층의 높은 누각이 있고 배의 길이는 24m 정도 된다. 서태후가 이곳에서 차를 즐겨 마셨다고 한다.

　1860년 제2차 아편전쟁으로 영불 연합군이 베이징을 침략하여 이화원과 원명원을 점령, 크게 훼손시켰던 것을 1888년에 서태후가 근대적인 중국 해군의 창설을 위한 군함 건조비를 유용하여 대대적으로 보수했다. 이로 말미암아 중국은 값비싼 대가를 치렀다는 말을 종종 듣는다. 중국 해군이 청일

전쟁에서 참패하여 중국이 타이완을 일본에 할양했기 때문이다.

해군 군비를 전용하겠다는 발상은 톈진의 북양 해군함대를 지휘하던 이홍장의 묵인 아래 이루어 졌다. 이홍장은 태평천국의 난을 평정한 영웅이었다. 서태후는 공친왕보다 이홍장과 호흡이 잘 맞았다. 서태후가 아니더라도 탐욕스런 이홍장이 군자금을 빼돌렸을지도 모른다. 설령 아니래도 중국이 해전에서 일본을 이길만한 강력한 해군을 가질 수는 없었을 것이다. 역사의 흐름을 어떻게 막을 수 있었겠는가. 서태후가 아니라도 제2의 서태후가 이 시기에 등장했을지도 모를 일이다. 이미 운명 지워진 역사의 흐름이다. 어떻게 돌이킬 수 있겠는가. 서태후가 해군 군자금을 유용해 이화원을 보수하

고 남겨놓은 한 척의 배. 그것도 움직이지 못하는 돌로 만든 배. 당시 중국의 모습을 보는 것 같아 씁쓸하다.

　마지막으로 들른 곳은 1891년에 지어진 덕화원德和園더허위안이다. 여기에는 348명으로 구성된 황실 극단이 경극의 마니아였던 서태후를 즐겁게 하기 위해 경극을 공연했던 3층 높이의 대희루大戱樓다시러우가 있다. 규모가 실로 엄청나다. 공연을 할 때면 땅바닥에서 분수가 솟구치고, 배우들이 줄을 타고 타잔처럼 건물을 오르내렸다고 한다. 장관이 아닐 수 없다. 서태후는 맞은편 이락전에서 경극을 관람했다. 이 전각에는 서태후가 경극을 관람하면서 아편을 복용할 때 썼던 도구들이 전시되어 있다. 열강에 대처하기 위해 마련했던 군자금을 유용해 자신만을 위한 궁궐을 꾸미고 이곳에 앉아 아편을 피우면서 경극을 보고 있었을 서태후를 생각하니 참으로 한심하다.

대희루大戱樓

불사약을 만들다가 실수로 탄생한 두부

두부는 웰빙 음식이다. 콩으로 만든 음식은 모두 몸에 좋다. 그래서인지 순두부와 두유는 웰빙에 엄청 신경 쓰는 중국인들이 즐겨 찾는 아침식사 메뉴다. 두부는 어떻게 만들어졌을까. 중국인들은 한나라를 세운 유방의 손자이자 자신이 거느린 수 천 명의 식객을 동원하여 《회남자》란 유명한 책을 편찬한 유안 劉安(기원전 179-기원전122)이 두부를 발명했다고 한다. 연금술에 관심이 많던 유안이 불사약을 만들다가 실수로 두부를 발명했다는 거다. 그렇다면 두부는 실험에 실패한 불사약이라고 할 수 있겠다. 믿기 어려운 이야기지만 두부가 불사약은 아니더라도 어쨌든 간에 불사약을 만드는 과정에서 탄생한 것이니 두부를 먹으면 불사는 못 하더라도 틀림없이 장수는 누릴 수 있을 것이다. 중국인들이 두부와 연금술을 연결시킨 것은 어떻게 보면 두부가 그만큼 몸에 좋다는 것을 강조하고 싶은 마음에서 나온 것이 아닐까.

두부는 값싸게 고단백질을 섭취할 수 있는 건강식품이다. 그래서 혹자는 이것이 중국의 인구가 증가된 주된 요인의 하나이며, 노동력이 넘치는 중국에서는 노동 집약적인 산업이 발달하지 않은 반면, 단백질 섭취를 위해 상대적으로 비싼 우유와 치즈 그리고 육류에 의존해야 했던 유럽인들은 인구의 밀도가 중국에 비해 낮으며, 따라서 노동 집약적 산업이 일찍부터 발달했다고 말한다. 재미있는 가설이다.

두부로 만든 중국 음식 가운데 우리에게 친숙한 것은 새콤달콤한 마파두부다. 매운 맛을 좋아하는 우리 입맛에 맞다. '마포麻婆'는 곰보 아줌마를 뜻한다. 그래서 마파두부는 곰보 아줌마가 발명한 두부 요리다. 사천요리에 속하는 마파두부는 그 역사가 비교적 짧다. 지금으로부터 백 년 전 쯤 남편을 따라 고향인 쓰촨성 청두에서 중칭으로 옮겨와 정착한 곰보 아줌마는 음식 솜씨가 뛰어났다고 한다. 남편은 기름 짜는 가게에서 일했는데 사람이 좋아 기름통을 운반하는 인부들이 그의 집을 자주 들렀다고 한다. 그들은 자신들을 잘 대해주는 부부에게 선물하기 위해 채소며 집에서 키우던 닭 같은 것을 들고 왔다. 오고 가는 게 정이 아닌가. 순박한 인부들의 따뜻한 마음이 고마워 그들에게 점심이라도 해서 먹여 보내고 싶은데 시장을 가려니 시간이 많이 걸릴 것 같아 곰보 아줌마는 궁리 끝에 인부들이 갖고 온 채소와 닭고기에다 이웃에 있는 양고기 가게와 두부 가게에서 사가지고 온 양고기와 두부로 즉석에서 퓨전음식을 만들었다. 맛이 기가 찼다. 인부들 사이에 이름이 나기 시작하여 이 두부요리를 그녀의 별명인 '곰보 아줌마'를 따서 마파두부라 불렀다고 한다.

중국의 마파두부는 새콤달콤함과는 거리가 멀다. 느낌이 뭘까. 매운 후추의 진한 맛이라고나 할까. 어느 나라를 가 봐도 매운 음식은 서민들의 음식이다. 맵고 짠 마파두부. 요리보다 밥을 더 먹게 된다. 왜 마파두부의 유래가 하층민인 인부들과 관련된 건지 그 이유를 알만하다. 마파두부는 두부로 만든 음식 중에 가장 서민적인 음식일 것이다.

그렇다면 두부로 만든 가장 사치스러운 음식은 뭘까. 미식가였던 서태후는 진주를 무척 좋아했다. 온몸을 진주로 치장했다. 그러한 서태후는 매일 진주를 집어넣은 두부를 먹었다고 한다. 정치적 야심이 강했던 서태후는 삶에 대한 애착 또한 유별났다. 젊음을 오래도록 유지하고 싶었던 서태후는 매일 진주를 먹으면 젊어질 수 있다고 믿었던 모양이다.

진주는 식품이 아니다. 돌이다. 아름다운 돌이다. 근데 어떻게 먹을 수 있었을까. 진주를 집어넣은 두부를 49일 동안 끓이면 진주가 완전히 분해된다는 거다. 그래서 궁궐 부엌에는 항상 49개의 약탕기가 24시간 가동되었다. 또 얼마나 많은 사람들이 이 일에 매달렸을까. 서태후는 젊게 오래 살려고 이 맛없는 두부 '스프'를 매일 먹었다. 일종의 불사약이라 할 수 있겠다. 클레오파트라가 진주를 식초에 녹여 마셨다고 한다. 진주가 미용에 좋긴 좋은 모양이다.

4. 베이징대학

중국 최고의 학부인 베이징대학北京大學은 중국 최초의 국립대학이다. 베이
징대학의 전신은 동문관同文館과 경사대학당京師大學堂이다. 동문관은 1862
년에 공친왕의 건의에 의해 설립된 중국 최초의 현대식 교육기관이다. 당시
청나라 정부는 아편전쟁 이후 여러 차례 유럽 열강들과 교섭하는 과정에서
언어 소통의 중요성을 절감했다. 언어 소통의 문제가 열강들과의 협상에서
중국이 불리하게 된 원인의 하나라고 파악했다. 동문관은 외국어에 능통한
관리를 양성하기 위한 목적에서 세워졌다. 외세에 대해 보수적인 정책을 고
집하던 서태후가 1898년에 중국의 근대화의 필요성을 느껴 서양식 국립대
학을 설립했다. 이것이 바로 중국 최초의 현대적 의미의 대학인 경사대학당
이다. 기존의 동문관은 이 경사대학당에 합병되었다. 경사대학당은 신해혁
명 이후 1912년에 베이징대학으로 개칭되었고, 초대학장에 옌퓨嚴復가 취임
했다. 베이징대학의 설립은 상징적인 의미를 지닌다.

　1905년에 과거제가 폐지되고 이어 1912년에 탄생한 서양식 교육기관인
베이징대학이 설립됨에 따라 정치가로부터 지식인을 분리함으로써 정치문
화를 변모시켰다. 그래서 정부는 더 이상 학자들로 채워지지 않았고, 학자
들은 그들의 생계를 위해 정부에 매달리지 않게 되었다. 서구의 지식과 가
치관으로 무장한 새로운 지식인들은 외국 문학작품의 번역이 중국을 변혁
시키는 관건이라 생각했다. 1916년 차이위안페이蔡元培가 학장으로 취임하
면서 베이징대학은 중국 신문화운동의 중심이 되었으며, 1919년 5.4운동의
발원지였다.

베이징대학

근래에 와서 베이징의 관광 패턴이 많이 달라졌다. 예전에 비해 중국 국내 관광객들이 부쩍 늘어났다. 참으로 멀리서도 온다. 그 수 또한 엄청나다. 물밀듯이 밀려온다. 자금성, 원명원과 이화원, 공왕부화원. 베이징의 관광명소들은 지방에서 몰려온 중국인들로 물결친다. 이들의 관광은 여기에 머물지 않고 베이징대학과 칭화대학까지 미친다. 일종의 교육관광이다. 부모의

칭화대학

손을 잡고 온 초등학생들의 모습을 캠퍼
스 곳곳에서 볼 수 있다. 그들의 자녀들
에게 중국 최고의 명문대학을 보여준다.
무슨 일이 있어도 열심히 공부해서 중국
최고의 명문대인 베이징대학과 칭화대학에
입학하라는 중국 부모들의 바램이다.

5. 궈린의 베이징카오야

중국에는 "만리장성에 오르지 않으면 사나이가 아니고, 취안쮜더의 베이징 카오야를 먹어보지 않으면 더욱 여한이 남는다"란 말이 있다. 마오쩌둥이 팔달령 장성에 올라 그 감회를 말한"장성에 오르지 않으면 사나이가 아니다. 난 팔달령장성에 올랐다"를 패러디했다. 누가 이런 말을 만들어 냈을까. 냄새가 난다. 아마도 그 진원지는 취안쮜더가 아닐까. 어쨌든 베이징에 와서 베이징카오야를 안 먹고 지나칠 수 없겠다. 원래 오리구이는 난징이 유명했다. 오리구이를 좋아했던 명나라의 영락제가 난징에서 베이징으로 수도를 옮기면서 오리구이를 잘 하는 자신의 전속 주방장을 베이징으로 데려오고부터 베이징에 알려지기 시작했다.

베이징에서 가장 유명한 베이징카오야 전문점은 1864년에 개업한 전취덕 全聚德취안쮜더이다. 창업주인 양수산楊壽山은 원래 쳰먼 밖 푸줏간들이 모여 있는 후퉁에서 닭과 오리를 팔았다. 장사 수완이 뛰어났던 그는 도산 위기에 놓인 덕취전德聚全이란 건과류를 파는 가게를 헐값에 인수한 뒤 궁중 어선방御膳房에서 일하던 오리구이 고수를 스카우트하여 오리구이 전문점을 열었다. 이름 또한 풍수적으로 좋지 않다는 말을 듣고 취안쮜더全聚德로 바꾸었다. 그가 스카우트한 주방장은 훈제용 가마에다 오리를 매달아 굽는 기술을 갖고 있었다. 그가 만든 오리구이는 대박이 났다.

자, 그러면 베이징오리구이가 별난 맛을 내는 데는 어떤 비결이 있는 걸까. 우선 재료부터가 별다르다. 오리는 운동을 시키지 않고 강제로 사료를 먹여 살찌운, 부화한 지 100일이 넘지 않은 베이징오리만을 쓴다. 살집이 많고 고기가 부드럽다. 장작도 특별하다. 대추나무, 살구나무, 복숭아나무 같은 과실수를 장작으로 불을 땐 훈제용 가마에다 살찐 베이징오리를 매달아 놓고 통째로 굽는다. 이렇게 구워낸 오리 한 마리는 숙련된 요리사가 100~120편의 조각으로 썰어낸다. 베이징오리구이의 핵심은 살코기보다 바삭바삭하게 구운 껍질에 있다. 이것을 연잎 가루로 만든 바오빙薄餅이란 밀전병에 톈장甛醬이라는 소스와 잘게 썬 파와 함께 넣어 싸서 먹는다.

베이징대학에서 그리 멀지 않은 곳에 우다오커우五道口가 있다. 주변에 베이징대학, 칭화대학 그리고 한국 학생들이 어학연수를 많이 오는 것으로 유명한 베이징위옌대학北京語言大學 등이 있어 이 우다오커우에는 한국 유학생들로 넘쳐난다. 우리말로 쓴 간판을 내건 한국식당이나 술집이 많다. 이 우다오커우에서 이 코스를 마무리해도 좋겠다. 지하철역이 있어 이동도 용이하다.

우다오커우역에서 동쪽으로 쭉 내려가다 쉐위안루學院路를 만나 북쪽인 왼쪽으로 방향을 돌려 또 쭉 올라가면 칭화둥루淸華東路와 만나게 된다. 그 사거리에 궈린郭林이란 식당이 있다. 메뉴가 다채롭지만 베이징카오야가 먹을 만하다. 베이징카오야는 취안쥐더가 유명하다. 너무나 많은 사람들이 찾기에 몇 층짜리 빌딩 하나를 독차지한다. 이름값을 한다고 가격이 엄청 비싸다. 궈린에서 제공하는 베이징카오야는 취안쥐더의 그것에 뒤지지 않는다. 가격은 취안쥐더보다 훨씬 저렴하다. 굳이 비싼 돈 주고 먹을 필요가 있을까.

코스

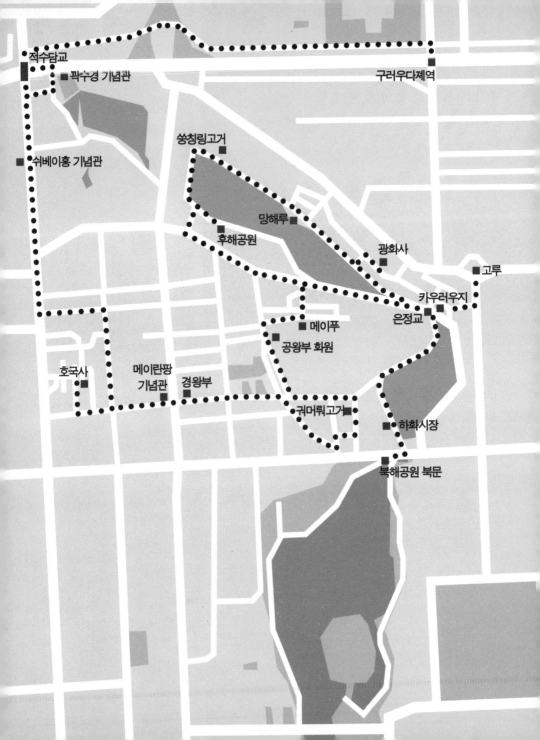

적수담교

꽉수경 기념관

구러우다졔역

쉬베이훙 기념관

쑹칭링고거

망해루

후해공원

광화사

고루

카우러우지

메이푸

은정교

공왕부 화원

호국사

메이란팡
기념관

경왕부

궈머뤄고거

하화시장

북해공원 북문

6 자전거로 돌아보는 뒷골목 후퉁

구러우다졔鼓樓大街역 ▶▶ 곽수경기념관郭守敬紀念館 ▶▶ 쉬베이훙
기념관徐悲鴻紀念館 ▶▶ 호국사護國寺 ▶▶ 메이란팡고거梅蘭芳故居
▶▶ 궈머뤄고거郭沫若故居 ▶▶공왕부화원恭王府花園 ▶▶메이푸梅
府 ▶▶ 허우하이後海 ▶▶ 은정교銀錠橋 ▶▶카오러우지 ▶▶ 옌다이
셰졔煙袋斜街 ▶▶ 고루鼓樓 ▶▶종루鐘樓

베이징은 지금 급속도로 변모하고 있다. 베이징에서 빠르게 진행되는 현대화의 흐름이 무척 더디게 느껴지는 곳이 있다. 바로 베이징의 뒷골목 후퉁이다. 수많은 좁은 골목들로 얽혀 있는 미로 속에는 '슬로우 라이프'를 실천하며 살아가는 사람들이 있다. 후퉁을 깊숙이 들여다 보면 느리게 사는 삶의 방식을 선택한 베이징 소시민들의 진솔한 삶의 모습들을 엿볼 수 있다. 사라져 가는 것에 대한 향수. 후퉁 투어가 관광객들에게 인기 있는 이유일 것이다.

현재 후퉁은 현대화의 거센 물결에 밀려 빠른 속도로 사라지고 있다. 현대화된 중국의 면모를 보여주겠다는 욕심이 옛 것의 아름다움을 잃어가고 있는 것이다. 베이징 거리를 걷다 보면 간혹 담벼락에 '차□'란 글자가 붙어 있는 모습을 발견할 수 있다. '집을 허물다'란 뜻을 지닌 글자다. 이 집이 곧 철거될 운명에 처해졌음을 알려주는 표식이다.

자, 이번에는 베이징의 후퉁을 자전거로 누벼보자. 우리가 이제까지 본 베이징의 모습과는 전혀 다른 느낌의 베이징을 체험할 수 있을 것이다. 이 코스의 출발점은 구러우다졔역이다. 우선 구러우다졔역 B출구 앞에 있는 자전거 대여점에서 자전거를 빌려야 한다. 대여료는 4시간에 20원이다. 자전거를 타고 구러우다졔역 앞에서 북쪽으로 큰 길을 건너 후청허護城河 강변길인 더성먼둥빈허루德勝門東濱河路를 따라 서쪽으로 쭉 가면 신졔커우와이다졔新街口外大街를 만난다. 이 길에서 왼쪽으로 돌아 남쪽으로 내려가면 지쉐이탄積水潭역 앞 사거리다.

사거리를 가로질러 지쉐이탄역 C출구 쪽으로 길을 건너면 오른쪽으로 시하이시옌西海西沿이란 골목이 나온다. 이 골목 안으로 들어서면 왼쪽으로 곽수경기념관郭守敬紀念館이 있다. 기념관과 주변의 서해西海시하이의 아름다운 경관을 잠시 감상하고, 후퉁에서 빠져나와 왼쪽으로 신졔커우베이다졔新街口北大街를 따라 남쪽으로 내려가자. 아직 아침식사를 하지 않았다면 도중에 만나는 샤오츠뎬小吃店에서 중국 음식을 맛보는 것도 좋은 경험이 된다. 100m쯤 내려가면 KFC(컨더지肯德基) 맞은 편에 쉬베이훙기념관徐悲鴻紀念館이 나타난다. 여기서 세계적인 명성을 얻은 그의 말 그림을 감상하고, 기념관에서 나와 계속 남쪽으로 내려가다 신호등이 있는 삼거리가 나오면 왼쪽 편으로 길을 건너 조금만 더 내려가다 항쿵후퉁航空胡同이 나오면 그 골목으로 들어간다.

이제부터 베이징의 미로 속으로 깊숙이 들어간다. 자전거를 천천히 움직이며 좁

은 골목 속에서 소박하고 느긋한 삶을 누리는 베이징 소시민들의 체취를 몸으로 느껴보라. 항쿵후퉁을 쭉 내려가다 또 다른 골목인 미엔화후퉁綿花胡同을 만나면 오른쪽으로 방향을 튼다. 이제 후퉁의 미로 속으로 꽤 깊숙이 들어왔다. 또 다른 골목인 후궈쓰졔護國寺街를 만나면 왼쪽으로 방향을 돌려라. 이 골목에 있는 호국사護國寺후궈쓰는 환관들이 부조를 많이 한 절이다. 그 덕에 은퇴한 뒤 이 절에서 여생을 보낸 환관들이 많았다고 한다. 지금은 금강전金剛澱진강뎬만 덩그러니 초라한 모습으로 남아 있다. 이곳을 찾고 싶으면 후궈쓰시샹護國寺西巷으로 들어가 보라. 후궈쓰졔에는 베이징에서도 유명한 후궈쓰샤오츠護國寺小吃가 있다. 이 식당에 들러 베이징 소시민들의 음식문화를 접해보라. 후궈쓰졔에서 계속 왼쪽으로 가다보면 이 골목의 맨 끝 모퉁이에 메이란

푸런대학의 옛 터(좌) / 류인제(우)

팡고거梅蘭芳故居가 있다. 이곳에 들러 잠시 세계적으로 이름을 날린 경극 배우인 메이란팡의 예술세계를 감상해 보자.

메이란팡고거를 나와 바로 앞 더성먼네이다졔德勝門內大街를 가로질러 딩푸졔定阜街를 조금만 내려가면 왼쪽 편에 경왕부慶王府칭왕푸란 왕부가 보인다. 근데 아쉽게도 이곳은 일반인들의 출입이 금지된 곳이다. 자전거를 타고 계속 가다보면 또 왼편에 현재 타이완에 있는 푸런대학輔仁大學의 옛 터가 있다. 딩푸졔가 끝나는 곳에서 오른쪽으로 꺾으면 룽터우징졔龍頭井街다. 이 길을 따라 내려가다가 싼쭤챠오후퉁三座橋胡同을 만나면 왼쪽으로, 조금만 걸어가서 오른쪽 첸간후퉁千竿胡同으로 들어가 첸하이시졔前海西街에서 왼쪽으로 올라 걸어가면 궈머뤄고거郭沫若故居다.

첸하이시졔를 따라 쭉 올라가면 류인졔柳蔭街와 만난다. 이름 그대로 버들로 그늘을 드리운 곳이다. 이곳에 공왕부화원恭王府花園궁왕푸화위안이 있다. 들어가서 옛 왕부의 정원이 어떤지 감상해 보자. 화원을 나와 왼쪽으로 내려가다 다샹펑후퉁大翔鳳胡同으로 들라. 좁은 골목을 가다 보면 메이푸梅府 (西城區 後海南沿 大翔鳳胡同 24號. 전화번호 6612-6847. 개점시간 11:30am-2:30pm, 5:30pm-10pm)란 아담한 레스토랑이 나온다. 메이란팡이 단골로 다니던 식당이다. 여행 가이드북에도 빠지지 않고 추천하는 유명한 식당이다. 내부가 아주 근사할 것이다. 전통 사합원에서 '우아하게' 식사를 즐길 수 있다. 근데 가격이 만만치 않을 것이다. 그리고 예약을 해야 한단다.

　　메이푸 바로 앞 왼쪽으로 난 골목으로 들어간다. 몇 걸음만 가면 왼편에 또 다른 작은 골목이 나온다. 샤오샹펑후퉁小翔鳳胡同이다. 한 30미터만 올라가면 오른쪽에 공왕부의 주인인 공친왕의 별저別邸인 감원鑒園지엔위안이 있다. 근데 이곳 또한 일반인의 발길이 허락되지 않는 곳이다. 그 맞은 편에 샤오샹펑후퉁小翔鳳胡同 2號가 있다. 관광객의 구미에 맞게 개조하여 일반에게 개방하는 사합원이다. 사합원을 구경하고 전통차를 음미하고 싶다면 문을 두드려 보라. 곱상하게 생긴 아가씨가 문을 열며 반겨줄 거다. 사합원 구경하는 데 20원, 여기에다 10원을 더 보태면 전통 사합원에서 중국 아가씨가 서비스해주는 철관음鐵觀音톄관인을 즐길 수 있다. 철관음의 진한 맛, 차를 마신 뒤 빈 찻잔에 묻어 있는 차 향기 그리고 한가로움. 후퉁의 숲 속에서 호사스럽게 여유로움을 즐길 수 있다.

다시 샤오샹펑후퉁으로 돌아가 왼쪽으로 방향을 틀면 허우하이後海가 눈에 들어올 것이다. 골목이 끝나면 오른쪽으로 향해 가며 허우하이를 감상하라. 조금만 가면 카페 골목이 나오고 또 그 앞에 허우하이와 쳰하이前海를 연결하는 다리인 은정교銀錠橋인딩챠오가 보인다. 허우하이에서 관광객이 가장 많이 찾는 곳이다. 베이징 젊은이들의 엔터테인먼트를 즐기고 싶다면 저녁 무렵에 이곳엘 들러 보라. 은정교를 건너면 골목길이 세 갈래로 갈라진다. 그 앞 길가에 카오러우지라는 양고기구이로 유명한 위구르 식당이 있다. 정면에 보이

는 골목으로 들어가면 그 언저리에 처우더우푸臭豆腐를 파는 가게가 있다. 이 유명한 '썩은 두부'를 맛보라. 그런대로 먹을 만하다고 느껴진다면 중국 사람이 다 된 것이다.

골목 안에서 또 길이 세 갈래다. 갈림길에서 오른쪽으로 들어가면 옌다이세졔煙袋斜街이다. 진귀한 볼거리가 많다. 이 골목을 빠져 나와 왼쪽으로 고개를 돌려보라. 웅장한 건물이 버티고 서 있을 것이다. 옛날 시간을 알려주던 고루鼓樓다. 고루에 올라가 영불 연합군이 찢어놓은 북을 보고 주변의 경

관을 내려다보라. 고루 바로 뒤에는 종루鐘樓가 있다. 종루에서 후퉁 투어를
마감한다.

　배가 출출한가. 그렇다면 고루에서 나와 고루의 담장을 끼고 왼쪽으로 돌
아가면 훈툰 전문집이 있다. 조금만 더 내려가면 구러우판뎬鼓樓飯店 옆에
사천요리를 전문으로 하는 구러우판좡鼓樓飯莊이라는 식당이 있다. 친절하고
깔끔한 식당이다. 여기에서 해삼요리를 시켜보라. 환상적이다.

1. 적수담과 대운하

적수담積水潭지쉐이탄. '물을 쌓아 놓은 물웅덩이.' 이름이 참 특이하다. 지명에 뭔가 깊은 뜻이 담겨 있지 않을까. 원나라 때 천문학자이자 수학자이며 수리水利에 밝았던 곽수경郭守敬(1231-1316)이란 관리가 강남으로부터 다두大都로 들어오는 조량漕糧의 운송을 원활히 하기 위해 이곳에 '적수積水' 했다고 한다.

당시 운하의 종점은 베이징의 동쪽인 퉁저우通州였다. 여기서부터는 수십 리 떨어진 베이징까지 육로로 물자를 운반해야 했다. 육로 운송의 불편함을 해결하기 위해 운하를 베이징 성 안까지 연결해야 했지만 50m의 고도차와 수량의 부족이 문제였다. 몇 차례의 실패 끝에 곽수경은 고도차를 11개의 갑문으로 해결하고 베이징 주변의 하천수를 끌어들여 운하의 수량을 확보하여 1293년에 드디어 통혜하通惠河라는 운하를 개통함으로써 남쪽 지방에서 이송된 물자를 운하를 통해 베이징 성 안까지 배로 직접 운송할 수 있게 되었다. 적수담은 통혜하의 종착점이다. 원나라 때 베이징의 물류 집산지였던 셈이다.

중국의 대운하는 수나라 때 처음 건설되었다. 당시 대운하의 북단은 베이징이 아니라 창안長安이었다. 이후 수도가 카이펑開封과 항저우였던 북송과 남송 시대에는 수도로의 물자공급에 큰 문제가 없었으므로 대운하의 중요성 역시 높지 않았지만, 쿠빌라이가 수도로 선택했던 베이징의 상황은 이전과는 판이하게 달랐다. 송나라 때부터 경제 중심지로 자리를 굳혔던 강남의 곡창지대로부터 지속적으로 식량을 공급하지 않으면 제국의 수도를 지탱할 수 없었다. 따라서 원나라는 한동안 사용되지 않아서 곳곳이 막혀버린 대운하를 새롭게 개통하여 조량의 운송을 원활히 했을 뿐만 아니라 점차 해운을 통한 조량 수송량도 늘려 갔다.

운하가 중요하기는 명나라도 마찬가지였다. 자신을 곱지 않는 시선으로 바라보는 신하들로 가득 찬 난징보다 자신의 본거지인 베이징이 훨씬 편했던 영락제는 베이징이 몽골의 침입을 저지하는 전략적 위치에 있다는 이유를 더하여 난징에서 거의 1,000km 이상 멀리 떨어진 베이징으로의 천도를

덕승문德勝門더성먼 전루. 德과 得은 중국어 발음이 같다. 해서 득승得勝더승은 승리를 얻었다는 뜻이되어, 이 문은 개선문으로 이용되었다. 적수담 가는 강에서 볼 수 있다.

감행했다. 근데 경제 중심지에서 멀리 떨어진 베이징으로의 물자공급 문제를 해결해야 했다. 그 해결책으로 영락제는 쿠빌라이의 전철을 밟아 대운하를 다시 개통했다. 대운하를 통해 양자강 중류와 하류에서 생산되는 곡식과 물자를 베이징으로 운송함으로써 수도 베이징의 치명적인 약점을 보완하고자 했다.

영락제는 대운하를 개통한 직후 해운을 금지시켰다. 대운하가 개통되자 바닷길을 닫아버린 것이다. 명나라의 황제들은 중국의 위세를 세계에 떨칠 기회가 있었다. 그러나 그들은 1433년에 정화鄭和의 해외원정을 중단하고 중앙아시아로 방향을 틀었다. 바다를 장악할 수 있었음에도 불구하고 중앙아시아로 방향을 돌린 이유가 무엇일까. 가장 중요한 이유는 몽골이 중국을 정복하는 악몽이 다시 일어나는 것을 원치 않았기 때문이다. 그래서 명나라는 몽골을 견제하는 데 모든 정력을 쏟아야 했다. 이를 위해 대운하를 복구하고, 중국 북부의 조림造林을 다시 시작하고, 농경을 복구하고, 만리장성을 다시 쌓고, 베이징을 재건해야 했다. 명나라에게는 몽골에 대한 불안을 해결하는 것이 바다를 포기할 만큼 중대했던 것이다. 바다에서 중앙아시아로 관심을 선회함으로써 명나라는 대양탐험과 교역을 통해 얻어질 수 있는 중국의 근대화와 개화보다는 중국 서북부의 보존을 선택했다. 결국 중국은 바다를 포르투갈과 스페인, 네덜란드와 영국에 양보해야 했다.

대운하를 통해 유통되었던 물자 가운데 가장 중요한 품목은 황실과 관료, 군인들에게 지급되었던 양식, 즉 조량이었다. 매년 약 400만 석에 달하는 조량 운송을 위해 동원되었던 선박이 1만 척이 넘었으며, 이들 선박은 추수가 끝난 후 조량을 싣고 정해진 기일까지 베이징에 도착해야 했다.

　대운하를 이용하는 내륙 물자유통의 호황은 19세기에 이르면 하강세에 접어들게 된다. 1850년대 초반 황허의 범람이 물길을 완전히 바꾸어 버렸는데, 황허의 물줄기가 대운하와 교차하면서 대운하의 상당 부분이 막혀 버렸다. 국세가 기운 청나라는 파손된 대운하를 복구할 여력이 없었다. 게다가 태평천국의 군대가 난징을 거점으로 양자강 유통로를 파괴하는 바람에 청나라 정부는 대운하의 보수를 포기했다. 19세기 후반 이후 바다의 기선과 내륙의 철도가 대운하를 대신했다. 길이 문화를 변화시킨다. 강남의 쑤저우, 항저우, 양저우 그리고 난징 등은 운하를 기반으로 번영을 누리던 도시들이다. 바다가 운하를 대신함에 따라 19세기 후반부터 상하이가 문화의 중심지가 되었다.

고루 주변은 원나라 때 형성된 오래된 상업지역이다. 중국의 전통적인 도시 공간구도는 '전조후시前朝後市,' 즉 앞은 조정, 그 뒤는 시장이다. 자금성 뒤편에 있는 고루는 이 '後市' 에 해당한다. 원나라 때 대운하의 종점 부두가 적수담이었던 까닭에 고루 일대는 당시 남북 물산의 집산지였다. 게다가 당시 귀족과 고관 대부분이 시청西城에 거주했기에 구매력이 이곳으로 집중되어 고루는 일찍부터 상업이 발달할 수 있었다. 그러다 명나라에 와서 다시 퉁저우에서 조운하는 것으로 변경되는 바람에 고루 일대는 '항구' 의 번화함이 없어졌지만 주변의 아름다운 호수가 성 안에 살던 왕족과 귀족 그리고 문인들의 발길을 끌었기에 '후시' 의 명맥을 유지할 수 있었다.

2. 쉬베이홍기념관

주소: 西城區 新街口北大街 53號.
교통편: 지하철 지쉐이탄積水潭역.
개방: 화요일-일요일 9am-5pm.
입장료: 5원.

현대 중국 미술의 아버지라는 칭호로 일컬어지는 서비홍徐悲鴻쉬베이홍(1895-1953)은 쟝수성의 가난한 화가 집안에서 태어나 아버지로부터 중국 전통 수묵화를 배웠다. 그림에 천재적인 기질을 타고 난 그는 9살 때 유명 화가가 그린 인물화를 베껴 그리기 시작했다. 한편으로, 담뱃갑에 인쇄된 사실적인 서양화법으로 그린 동물 그림을 모사하기도 하면서 사실주의 예술에 대한 그의 각별한 사랑을 키워 갔다.

1915년에 그림을 배우기 위해 상하이로 갔던 쉬베이홍은 그곳에서 만난 당대 최고의 지성 캉유웨이로부터 많은 가르침을 받게 된다. 1917년에는 친구의 도움으로 일본으로 건너가 서양화를 공부했다. 귀국한 뒤에는 스승 캉유웨이의 추천으로 베이징대학에서 서양화를 가르쳤다. 1919년에는 정부의 지원을 받아 파리로 유학하여 서양미술을 배웠다. 그는 유럽에 머물었던 8년 동안 프랑

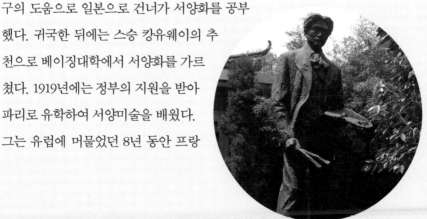

283

스, 독일, 영국, 벨기에 등 유럽 각국을 여행하면서 서양 미술에 관한 폭넓은 지식을 쌓았다. 쉬베이홍은 특히 서양 미술의 사실주의 전통에 주목하여 수많은 스케치를 그렸으며 독일을 여행하는 동안에는 렘브란트Rembrandt(1606-1669)를 본받아 그림을 그리기도 했다. 1927년에 귀국하여 학생들을 가르치면서 서양화법을 중국에 소개하는 데 노력했다. 그는 서구와 중국의 회화 기법을 융합한 최초의 화가로 평가받는다. 그는 학생들에게 중국의 전통적인 재료, 즉 붓과 먹 그리고 종이를 사용하여 중국의 전통적인 기법으로 사실적인 그림을 그려야 한다고 역설했다.

유럽에서 서양미술을 공부했지만 쉬베이홍은 중국 전통기법으로 그린 힘차게 치달리는 말 그림으로 유명하다. 그의 말 그림 하나를 감상하자. 1941년에 그린 말 그림으로 현재 쉬베이홍기념관에 소장되어 있다. 쉬베이홍은 이 그림을 싱가포르에서 그렸다고 한다. 그는 싱가포르에서 작품전을 열면서 조국을 위해 기금을 모으고 있었다. 당시 중국은 한창 항일전쟁 중이었다. 쉬베이홍은 일본에 대항하여 싸우고 있는 중국 군인들의 영웅적 정신을 황야를 힘차게 치달리는 말과 연결시켰다. 그의 말 그림에는 조국에 대한 사랑이 배어 있다.

3. 메이란팡고거

주소: 西城區 護國寺路 9號.
교통편: 지하철 지쉐이탄積水潭역.
개방: 화요일-일요일 9am-4pm.
입장료: 10원.

메이란팡梅蘭芳. 젊었을 적 모습이 참으로 여자처럼 곱상하게 생겼다. 할아버지와 아버지가 모두 유명한 경극 배우였던 집안 내력으로 인해 그는 8세 때부터 극단에서 경극을 배우기 시작하여 11세에 무대에 데뷔했다. 경극에서는 전통적으로 남자가 여자 역할을 맡는다. 메이란팡은 여성 역할을 잘 소화했다. 여자보다 더 여성스럽게 연기했던 메이란팡. 유명한 경극 레퍼토리인 〈패왕별희〉는 그가 만든 것이라고 한다. 그의 아이디어에서 나온 것이다.

메이란팡은 경극을 외국에 소개하는 데 지대한 공헌을 했다. 1919년과 1924년에는 일본, 1930년에는 미국, 1932년과 1935년에는 러시아 그리고 1953년에는 한국을 순회 공연하면서 그의 경극은 외국 공연예술에 많은 영향을 끼쳤으며, 조지 버나드 쇼George Bernard Shaw(1856-1950)나 찰리 채플린Charles Chaplin(1889-1977)과 같은 세계적으로 유명한 예술인들과 교유했다. 한 전시실에 들어가면 메이란팡이 평

소 그렸던 그림들을 전시해 놓았다. 솜씨가 장난이 아니다. 인물화며 산수
화 못 그리는 게 없다. 검술에도 뛰어나고 그림도 잘 그렸던 메이란팡. 그는
팔방미인이었다. 경극 하나로 세계적인 명성을 얻은 사람. 채플린에게 많은
영감을 준 사람 메이란팡.

메이란팡이 그린 그림. 메이란팡고거에 전시되어 있는 작품.

6

찍수습과 대릉환

쉬베이훙기념관

메이란팡고거

궈머뤄고거

궁왕부화원

훗스절물매나

북해공원으로

4. 궈머뭐고거

주소: 西城區 前海西街 18號.

개방: 화요일-일요일 9am-4:30pm.

입장료: 10원.

교통편: 13, 107, 111번 버스.

궈머뭐郭沫若(1892-1978)는 현대 중국의 시인이자 수필가이며 극작가, 문학 비평가이며 역사학자였다. 실로 다재다능했던 지식인이었다. 20세기 초, 이 시기 다른 지식인들과 마찬가지로 전통교육을 받고 해외로 유학하여 새로운 문화를 접했다.

궈머뭐는 1914년에 일본으로 건너가 제1고등학교 예과에서 일본어를 배운 뒤 1915년에는 제6고등학교에 입학했고, 일본 여자와 결혼했다. 1918년에는 규슈제국대학九州帝國大學에 입학하여 의학을 공부하다가 1919년에 일어난 5.4 운동의 자극과 타고르와 괴테 등의 영향을 받아 1921년에 상하이로 와서 낭만적이고 애국적인 정서가 깃든 시를 쓰기 시작했다. 그가 1921에 세상에 내놓은 시집인 《여신女神》은 그 첫 번째 결과물이다.

다시 일본으로 건너간 궈머뭐는 위다푸郁達夫(1896-1945) 등과 함께 낭만주의 문학단체인 창조사創造社를 결성했다. 또한 괴테와 니체의 글 그리고 독일과 영국의 낭만주의 시인들의 시를 번역했다. 그가 번역한 괴테의 〈젊은 베르테르의 슬픔〉은 1922년 발간되자마자 중국 젊은이들로부터 선풍적인

인기를 얻었다. 그는 또한 5.4의 신문화운동에 영향을 받아 중국의 고대 시를 백화白話로 번역했다.

1923년에 의대를 졸업하고 이듬해 1924년에 자신이 번역한 일본의 마르크스주의자인 가와카미 하지메가 쓴 《사회조직과 사회혁명》에 영향을 받아 그 자신 또한 마르크스주의자가 되었다. 그리고 러시아 작가 이반 투르게네프Ivan Turgenev(1818-1883)의 《처녀지Virgin Soil》을 번역하면서 중국으로 돌아가 사회개혁에 앞장설 것을 결심하게 된다.

군벌에 대항하기 위해 국민당이 결성한 국민혁명군에 참여한 그는 1927년에 국민당이 많은 중국 공산주의자들을 학살하는 것을 목격하고 난창 봉기에 가담했으나 실패하여 일본으로 망명했다. 십 년 간의 망명생활 동안 그는 중국 고대사와 갑골문 연구에 몰두했다. 1937년에 중국으로 돌아와 항일운동에 참여했으며, 1949년 이후 중국과학학술원장 등 정부 요직을 두루 맡았다.

　　1966년에 문화대혁명이 일어나자 궈머뤄는 첫 번째 비판대상자의 한 사람이 되었다. 그는 직위를 박탈당하고 대중 앞에서 마오쩌둥 사상을 제대로 이해하지 못했으므로 자신의 작품들은 모두 태워버려야 한다고 밝힐 것을 강요받았다. 1976년 문화대혁명이 끝나 복권되었으나 2년 뒤 숨을 거두었다.

　　궈머뤄고거는 그가 인생의 마지막 15년을 지낸 곳이다. 이 고거는 보존이 잘된 전형적인 사합원이다. 관광객이 잘 찾지 않아 한적하다. 궈머뤄고거 앞에는 수많은 인력거들이 진을 치고 있다. 외국의 단체 관광객들을 태운 인력거들이 줄지어 출발할 때면 그 모습이 제법 장관이다.

5. 공왕부화원

주소: 西城區 柳蔭街甲 14號.

입장료: 20원, 가이드투어 60원.

개방시간: 8:30am-4:30pm

교통: 지하철 구러우다제鼓樓大街역에서 60번 버스 이용.

공왕부화원恭王府花園궁왕푸화위안은 류인제柳蔭街에 있다. '버들 그늘 드리운 거리.' 그 이름에 걸맞게 공왕부화원 가는 길 양 옆은 온통 버들 그늘로 수를 놓았다. 중국인들은 버들을 유난히 좋아한다. 고대 중국에서는 먼 길 떠나는 이에게 버들을 꺾어주는 풍습이 있었다. 버들은 생명력이 강해 길 떠난 이가 목적지에 도착하여 땅에 꽂아두면 다시 새싹이 돋았다. 그걸 보며 버들 꺾어 준 나를 기억하란 거다. '柳'와 '留'는 중국어 발음이 같다. 날 떠나지 말고 머물러 달라는 거다. 석별의 아쉬움을 표현한 것이다.

공왕부는 본래 청나라 건륭제 때 고관을 지낸 화곤(1750-1799)의 저택이었다. 1799년에 이 저택을 몰수한 가경제(재위 1796-1821)가 그의 동생인 경희친왕慶僖親王에 하사하여 경왕부慶王府가 되었다가 1851년에 함풍제(재위 1851-1861)가 그의 여섯째 동생인 공친왕恭親王(1833-1898)에게 하사하여 그 때부터 공왕부로 부르게 되었다. 공친왕은 화원을 개축하기 위해 100명의 유능한 장인들을 동원하여 강남 원림예술과 북방 건축 양식을 일체화하고 서양건축과 중국 고전 원림건축을 융합했다고 한다.

18세기에 조설근曹雪芹이 쓴 《홍루몽紅樓夢》에 나오는 대관원大觀園의 모델로 유명한 공왕부는 베이징에서 개인이 소유했던 가장 큰 사합원으로 알려졌다. 근데 사합원을 찾아볼 수 없다. 공왕부는 없고 화원만 있다. 도대체 어찌된 일인가. 잠시 후에 그 궁금증이 풀렸다. 화원만을 개방하고 공왕부는 관리사무실로 쓰고 있다. 공왕부화원의 정문으로 들어서면 왼쪽이 화원이고 그 오른편은 높은 담장으로 가려져 있다. 그 너머에도 뭔가 있을 것 같다. 화원을 다 돌아보고 공왕부화원 정문에서 왼쪽으로 담장을 따라 걸어가면 '恭王府'란 간판과 관리사무실 간판이 붙어 있는 대문 앞에 군인이 지키고 서 있다. 그제야 높은 담장으로 둘러진 곳이 바로 개방하지 않은 공왕부란 걸 알게 된다. 그 앞을 기웃거리며 안을 들여다 보니 공사가 한창이다. 이곳도 언젠가 개방할 것이다. 아마도 베이징 올림픽이 열릴 때에는 공왕부가 새롭게 단장을 끝내고 일반인에게 개방될 것이다. 입장료도 따로 받을 것이다.

　공왕부화원에서 화원의 주인이던 공친왕의 체취를 느껴보자. 공친왕은 서태후와 동치제를 옹립하여 서태후의 섭정 정부에서 증국번曾國藩과 이홍장李鴻章 같은 한족 출신의 문인관료들을 등용하여 태평천국의 난을 비롯한 여러 민란들을 평정하고 서양 열강들과 우호적 관계를 유지하면서 그들의 근대과학을 배워 중국의 중흥을 꾀했던 양무운동의 중심인물이었다.

　서태후는 외부세계에 대한 이해가 없었고 급변하는 세계정세에 대처하지 못했다. 그런 것은 별로 관심이 없었다. 오직 자신의 권력 유지에만 급급했던 서태후는 시대의 흐름에 역행한 사람이었다. 서태후를 비롯하여 대부분의 중앙 관료들이 외부세계에 전혀 무지하거나 반反외세적인 성향을 취하고 있던 반면 공친왕은 시대의 흐름을 읽는 자였다. 외부세계의 정세를 읽고 중국이 새로운 변화에 어떻게 대처해야 하는지 고민했던 사람이다.

1856년 청나라 조정 관리가 영국 국적의 애로호라는 배를 검사하던 중 영국 국기를 끌어내려 모독한 이른바 애로호 사건으로 1858년 6월 체결한 톈진조약을 비준하기 위해 1860년 영국과 프랑스의 사절들이 톈진에서 베이징으로 향하던 중 청나라 군대가 그들이 타고 있던 배에 포격을 가하는 사건이 일어났다. 이로 인해 다시 전쟁이 터져 영불 연합군은 톈진에서 베이징으로 진격했다. 이들이 들이닥친다는 급보에 함풍제는 러허熱河로 피신했고, 베이징을 점령한 영불 연합군은 무지막지한 파괴를 일삼았으며 베이징 교외의 원명원을 불살라 버렸다. 당시 중국의 운명은 27세 젊은 나이의 공친왕에게 맡겨졌다.

당시 대부분의 중국인들과 마찬가지로 공친왕 또한 외국 열강들을 야만인 취급했다. 그러나 그의 태도는 서구 열강과 조약을 체결하는 과정에서 변화했다. 조약의 협상자들이 중국의 근대화를 적극적으로 돕겠다는 의지를 보이고 그들의 우수한 무기 제조술을 중국에게 공개하겠다는 데 놀란 것이다. 이후 공친왕은 서구 열강들과 되도록 우호적인 관계를 맺으면서 그들의 모범적인 근대화를 모델로 삼아 중국의 자강을 도모하는 쪽으로 정책의 방향을 잡았다.

　공친왕은 증국번·이홍장·좌종당左宗棠 등 한족 지식인들을 등용하여 태평천국의 난을 평정하고 유럽의 근대기술을 도입하여 근대화를 통한 중국의 자강을 도모했다. 그러나 그의 노력은 오래 가지 못했다. 공친왕의 권력이 비대해지는 것을 두려워한 서태후가 결국 그를 제거했던 것이다.

　참으로 아이러니하다. 공왕부의 원래 주인은 건륭제 때 관리였던 화신이다. 그는 건륭제의 총애를 믿고 온갖 부패를 저질렀다. 1799년 건륭제가 죽자 가경제는 부왕의 총신이던 화신을 죽이고 그의 재산은 몰수되었는데, 그가 축재한 재산이 대략 은 8억 냥이었음이 드러났다. 당시 중국의 한 해 세입이 4천만 냥이었던 걸 감안하면 잘못된 부의 축적이란 참으로 엄청난 것이다. 화신은 중국인들에게 탐관오리의 대명사로 인식된다. 건륭제의 총애를 받던 타락한 관리. 청나라 몰락의 조짐은 이미 건륭제 때 보이기 시작했다.

6
정수량과 대운하
슈퍼이총기남판
에이린땅고개
귀마롱고개
아완부하령
하수구를 따라
북해안면으로

6. 호숫길을 따라

자전거를 타고 후통의 미로를 누벼 본 소감이 어떠한가. 오래도록 잊지 못할 말로 표현하기 힘든 진한 감동을 느끼지 않았을까. 난 그렇게 기대한다. 지금 몇 시쯤 되었을까. 아침 일찍 서둘러 호텔 문을 나섰다면 지금쯤 고루 주변의 후통 입구나 옌다이셰졔 앞에서 길거리 음식을 먹으며 쉬고 있지는 않을까. 그것도 아니면 은정교 앞 카오러우지에서 위구르의 양고기구이를 음미하고 있을지도 모르겠다. 자, 이젠 주변의 호수를 돌아보자. 자금성의 서쪽에는 시하이西海, 허우하이後海, 첸하이前海, 베이하이北海, 중하이中海, 난하이南海 등 6개의 호수가 연이어 있다. 시하이는 이미 보았고, 중하이와 난하이는 일반인의 출입이 통제된 곳이니 허우하이와 첸하이를 한 바퀴 휙 돌아보고 베이하이가 있는 북해공원으로 빠져나가는 것으로 오늘의 자전거 여행을 마무리한다.

★ 호숫길을 따라가는 코스

엔다이셰계쪽 은정교에서 출발하여 허우하이 강변길인 허우하이베이옌後海北
沿을 따라서 서북쪽으로 올라간다. 호수를 따라 가다가 야얼후퉁鴉兒胡同을 만
나면 골목 안으로 들어가자. 한적한 골목 안에 광화사廣化寺광화쓰라는 원나라
때 창건된 고찰이 있다. 중국의 마지막 환관인 쑨야오팅孫耀庭이 20년 동안 이
절을 충직하게 지키고 있다가 1996년에 이 절에서 숨을 거두었다고 한다. 참
으로 조용한 절이다. 한적한 절 안을 거닐며 명상에 잠겨 보는 것도 좋을 듯하
다.

왔던 길을 그대로 따라 돌아가서 다시 허우하이베이옌을 따라 계속 가자. 허우하이를 한 눈에 볼 수 있는 망해루望海樓왕하이러우가 나오고 또 쭉 가다보면 섭정왕부마호攝政王府馬號서정왕푸마하오와 순친왕부醇親王府춘친왕푸가 나란히 있다. 순친왕부를 먼저 이야기하자. 순친왕부는 본래 명주明珠라는 청나라 초 대학사大學士의 저택이던 것을 건륭제가 그의 재위 54년이 되던 해인 1789년에 11번째 아들인 영성을 성친왕成親王에 봉하고 이곳을 왕부로 하사했다고 한다. 이 왕부의 이름이 성친왕부成親王府청친왕푸에서 순친왕부로 바뀐 것은 광서제光緒帝(재위 1871-1908) 때문이다. 순친왕 혁현(1840-1891)은 광서제의 생부 다. 순친왕부는 원래 다른 곳에 있었다. 아들이 황위에 올라 광서제가 되자 황제가 태어난 곳에 다른 사람이 거주하는 걸 금했기 때문에 이곳으로 왕부를 옮겼다고 한다. 순친왕부의 옆에 있는 섭정왕부마호는 순친왕부의 마구간이 다. 이름이 섭정왕부로 바뀐 것은 순친왕의 장남인 재풍이 그의 아들인 청나라 마지막 황제 푸이溥儀(1906-1967)를 섭정했기 때문이다.

　순친왕부를 지나 조금만 가면 쑹칭링고거宋慶齡故居(西城區 後海北沿 46號. 개방 9am-5pm. 입장료 20원)다. 1912년에 중화민국을 탄생시킨 쑨원孫文(1866-1925)의 아내인 쑹칭링(1892-1981)이 살았던 곳이다. 이곳은 원래 순친왕부의 화원이었 다. 쑹칭링은 1963년 4월에 이곳으로 옮겨와 1981년 5월29일 숨을 거둘 때까지 이곳에서 살았다. 그녀가 죽고 그 다음해인 1982년 그녀의 기일인 5월29일에 일반인들에게 개방했다.

　쑹칭링은 상하이의 명문가에서 태어났다. 쑹칭링의 쑹宋씨 집안은 쟝蔣씨, 천陳씨 그리고 쿵孔씨와 함께 중국 4대 명문가로 유명하다. 언니인 쑹아이링宋 靄齡은 명문가 출신의 자본가 쿵샹시孔祥熙의 부인, 여동생 쑹메이링宋美齡은

장제스蔣介石(1887-1975)의 부인, 남동생 쑹쯔원宋子文은 재벌이
었다. 쑹칭링은 상하이에서 태어나 미국 웨슬리대학을 졸업하고,
1912년에 난징 임시정부 대총통이던 쑨원의 비서가 되었다. 1913년 제2혁명
실패 후 쑨원과 함께 일본으로 망명하여 이듬해 1914년에 일본에서 쑨원과 결
혼했다. 가족이 모두 장제스와 가까웠으나 쑹칭링은 쑨원이 죽은 뒤 국민당
좌파에 속하여 장제스와 대립했다. 국민당 정권의 부패를 공공연히 비판하면

서 당시 최고의 지성이던 차이위안페이蔡元培(1868-1940)와 루쉰 등과 함께 민권옹호와 항일민족통일전선의 결성에 노력했다. 1949년 중화인민공화국이 수립된 뒤 국가 부주석 등의 요직을 역임하는 등 최고 지도자의 한 사람으로 활동했다.

이 고거는 마오쩌둥이 쑹칭링에게 준 것이라고 한다. 전시실에는 쑨원이 결혼 선물로 주었다는 권총을 포함하여 쑹칭링이 생전에 사용했던 물건들과 생활했던 모습들을 그대로 보존하여 전시하고 있다.

전시실 밖으로 나와 정원을 거닐어보라. 중국 각지에서 몰려온 관광객들로 들끓는 근처 공왕부화원과는 달리 조용하고 한적함 속에서 옛 왕부의 정원을 음미할 수 있다.

쑹칭링고거에서 나와 허우하이 강변길을 따라 쭉 가면 후해공원後海公園허우하이궁위안이 나온다. 공원이라 근처 후퉁에 사는 사람들이 모여드는 곳이다. 여름이면 호수에서 수영을 즐기는 모습을 볼 수 있다. 후해공원에서 양팡후퉁羊房胡同을 따라 동쪽으로 쭉 내려가자. 허우하이난옌後海南沿으로 길 이름이 바뀌진다. 은정교 앞에서 쳰하이베이옌前海北沿을 따라 쭉 가다 갈림길이 나오면 왼쪽 길로 들어 또 쭉 내려오면 하화시장荷花市場허화스창이다. 운이 좋으면 이곳에 잠시 자전거를 세워두고 연꽃이 피어 있는 호수의 아름다운 경관을 감상할 수 있다. 그 앞 디안먼시다제地安門西大街란 큰 길을 건너면 바로 북해공원北海公園베이하이궁위안의 북문이다.

7. 북해공원으로

주소: 西城區 文津街 1號
개방시간: 6:30am-8pm(건물은 4pm)
입장료: 5원
교통편: 지하철 톈안먼시天安門西역에서 5번 버스

북해공원은 출입구가 4개 있다. 우리는 북문으로 들어간다. 이 아름다운 북해
공원은 옛 황제들의 정원이었다. 요나라(916-1125) 때 이곳에 궁궐을 지었고, 금
나라(111 -1234) 때에는 호수를 파고 거기서 나온 흙으로 언덕과 섬을 만들었다.
이미 이화원의 곤명호와 만수산에서 보았듯이 중국 정원 조성의 기본 틀은 중
국 고대 신화에서 비롯된다. 북해공원도 이화원의 경우와 마찬가지로 고대 중
국인들이 생각했던 동쪽 유토피아의 세계를 그대로 옮겨 놓았다. 베이하이 가
운데에 있는 섬인 경화도瓊華島충화다오와 공원의 남문에 있는 단성團城퇀청 그
리고 지금은 일반인들의 출입을 통제하고 있는 남해南海난하이에 있는 영대瀛
臺잉타이는 황허의 물이 흘러드는 곳에 있는 신선들이 살고
있다는 삼신산인 봉래와 방장 그리고 영주를 상징
한다.

　원나라(1279-1368)의 쿠빌라이 칸은 이 호수
공원을 크게 확장하고 유럽 탐험가 마르코
폴로가 보고 감탄했을 정도로 아름답게 꾸며

놓았다. 공원 남쪽에 있는 단성은 원나라의 수도 다두의 심장부였다. 쿠빌라이 칸 때 거대한 푸른 옥으로 만든 옥옹玉瓮이란 항아리만이 그 때의 영화를 말해준다. 단성의 승광전承光殿청광뎬에는 미얀마의 백옥으로 만든 높이 1.5m의 불상이 있다. 단성에서 다시 북쪽으로 영안교永安橋융안챠오란 다리를 건너면 베이하이 가운데에 있는 섬인 경화도에 이르게 된다. 라마불교 사원인 영안사永安寺융안쓰를 통해, 베이징을 방문했던 달라이 라마를 위해 1651년에 지었다는 백탑白塔바이타에 오를 수 있다.

　북문에서 오른쪽 길로 들어서면 북해공원의 북쪽 부분을 둘러볼 수 있다. 매혹적인 절인 서천범경西天梵境시톈판징과 높이 5m에 길이 27m의 벽을 아홉 마

리 용으로 장식한 구룡벽九龍壁쥬룽비이란 영벽은 빼놓을 수 없는 볼거리다.

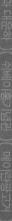

茶

战无不胜的毛泽东思想万岁

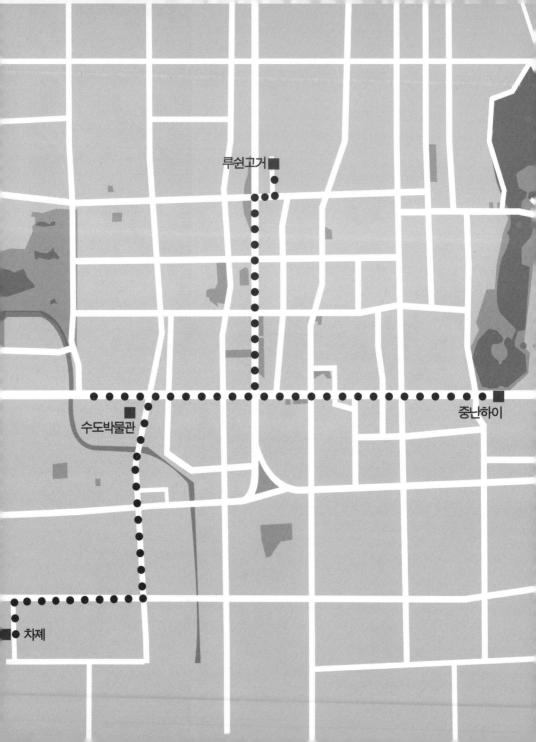

루쉰고거

수도박물관

중난하이

차제

7 베이징 서쪽

루쉰 고거魯迅故居 ▶▶ 중난하이中南海 ▶▶

수도박물관首都博物館 ▶▶ 차의 거리茶街

이 여행의 마지막 코스에서는 베이징의 서쪽을 돌아본다. 행정구역상 시청취西城區와 쉬안우취宣武區가 여기에 해당한다. 자금성의 서쪽, 내성의 서쪽 절반을 포함하는 시청취는 내성의 동쪽 절반인 둥청취와 마찬가지로 베이징에서 옛 체취가 가장 많이 남아 있는 구역의 하나이다. 거기다가 이 지역에 펼쳐진 아름다운 호수는 여행의 즐거움을 더한다. 우리는 시청취의 알짜배기를 이미 자전거를 타고 후퉁을 누비며 돌아보았다. 이 코스에서는 지하철 2호선을 타고 얼환루를 따라 내성의 서쪽 테두리를 돌아보고 다시 베이징의 서남쪽인 쉬안우취로 내려간다.

1. 루쉰과 일본인 스승 후지노 선생

주소: 西城區 阜成門內大街 宮門口二條 19號.
교통편: 지하철 푸청먼阜成門역.
개방시간: 화요일-일요일 9am-4pm.
입장료: 5원

푸청먼阜成門역에서 내린다. 여기에서 루쉰 고거魯迅故居를 찾아가는 방법에는 두 가지가 있다. 가장 간편한 길은 B출구로 나와 푸청먼네이다졔阜成門內大街를 따라 동쪽으로 내려가다 첫 번째 만나는 골목인 푸청먼네이베이졔阜成門內北街로 들어서면 정면에 루쉰 고거가 보인다. 두 번째는 조금 에두르는 길이다. B출구로 나와 푸청먼베이다졔阜成門北大街를 따라 쭉 올라가다 보면 오른쪽에 관위안스창官園市場이 나온다. 애완동물을 파는 자그마한 시장이다. 별난 풍경을 체험할 수 있다. 관위안스창으로 들어가서 갖가지 진기한 구경을 하다보면 골목은 다시 칭타후퉁靑塔胡同으로 이어진다. 이 길을 따라 쭉 내려오면 궁먼커우얼탸오宮門口二條를 만난다. 이 길을 따라 왼쪽으로 가면 루쉰 고거다.

중국 현대문학의 아버지로 일컬어지는 루쉰 魯迅(1881-1936). 20세기 초 중국 청년 지식인들의 나아갈 바를 제시했던 20세기 중국 현대

문학의 거인. 루쉰 고거를 향해 골목길을 걸어가며 잠시 후면 루쉰을 만날 수 있다는 기대감에 가슴이 설렌다. 루쉰 고거로 들어서면 바로 정면에 루쉰의 동상이 있다. 그 뒤는 루쉰박물관이다. 박물관은 현대식 호화판이다. 지은 지 얼마 되지 않아 보인다. 베이징에는 명인들의 박물관이나 기념관이 수없이 많지만 이처럼 훌륭하지는 않다. 돈을 무척 많이 들인 흔적이 역력하다. 과연 루쉰이다. 박물관에는 그가 쓴 원고들, 그의 모습을 담은 사진, 초상화 등이 전시되어 있다. 루쉰 사진 가운데 그가 죽기 바로 며칠 전의 모습을 담은 것도 있다. 무척 초췌한 모습이다. 그럼에도 그의 손에는 담배가 들려 있다. 그는 지독한 골초였다. 루쉰의 건강이 염려스럽던 쑹칭링이 병원에 가 볼 것을 권했지만 그는 말을 듣지 않았다. 루쉰은 이 암울한 세상 오래 살고픈 마음이 없었다.

루쉰은 1912년에서 1926년까지 베이징에서 생활했다. 이 기간 동안 그는 중국 현대사를 이끌어 간 큰 인물이었다. 루쉰박물관을 나오니 바로 옆에

루쉰 고거가 있다. 루쉰 고거. 루쉰이 1924년에서 1926년까지 살던 곳이다. 박물관에 비해 초라해 보인다. 고거에는 친절한 아주머니가 한 분 계시다. 루쉰과 고거에 관해 친절하게 설명해 준다. 그녀의 안내를 받아 고거의 뒤로 가보니 건물의 '뒤통수' 가 불쑥 튀어나왔다. 생긴 모양이 그래서 '호랑이꼬리老虎尾巴' 라고 한단다. 이 '호랑이꼬리' 는 루쉰의 서재 겸 침실이 있는 곳이다. 창문에 얼굴을 갖다 대고 서재 안을 훔쳐보았다. 서재 내부가 단출하다. 책상 하나에 침대 하나. 루쉰은 이 호랑이꼬리 서재에 있는 책상에 앉아 현대 중국 청년들의 심금을 울렸던 수많은 작품을 썼다. 책상 위 벽에 조그만 사진 한 장이 걸려 있다. 루쉰의 일본인 스승 후지노藤野 선생의 사진이다.

　다음은 루쉰이 쓴 〈후지노 선생님〉이란 글에 나오는 내용을 풀어 쓴 것이다.

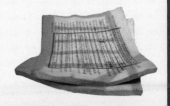

1902년에 루쉰은 구국의 부푼 꿈을 안고 일본 유학실에 오른다. 도쿄에서 일본어를 배우고 1904년 센다이로 자리를 옮겨 센다이의학전문학교에 입학한다. 1896년 무지한 돌팔이 한의사의 오진으로 죽은 아버지와 같은 중국인이 다시는 나와서는 안 되겠다는 생각에 의학을 배우기로 결심한 것이다. 센다이는 작고 조용한 도시였다. 중국인 학생은 루쉰 혼자다. 학교는 수업료를 받지 않았고 직원들은 루쉰에게 친절했다. 루쉰은 처음에 교도소 옆 여관에서 살았다. 초겨울인데도 극성스런 모기 때문에 코만 내놓고 이불을 푹 뒤집어쓰고 자야 하는 것 빼고는 모든 것이 지낼 만했다. 그런데 어느 선생이 교도소 옆은 좋지 않다고 누누이 일러주는 바람에 그의 호의를 물리치기 어려워 교도소에서 멀리 떨어진 곳으로 거처를 옮겼다.

첫 수업은 해부학 강의였다. 얼굴이 검고 깡마른 선생이 들어왔다. 팔자수염을 기르고 안경을 썼으며, 크고 작은 책들을 산더미처럼 옆구리에 끼고 들어왔다. 그는 교탁 위에 책을 내려 놓고는 느린 목소리로 자신을 소개했다.

'나는 후지노 겐구로라고 합니다.'

후지노 선생과의 첫 만남이었다. 그의 어눌한 말투에 뒤에서 키득거리던 1년을 낙제한 상급생들이 신입생들에게 후지노 선생의 이력을 설명해 주었다. 후지노 선생은 털털해서 어떤 때는 넥타이 매는 것을 잊어버린다고 했다. 겨울에는 낡은 외투 하나로 덜덜 떨며 지내고, 한 번은 기차를 탔는데 차장이 그를 소매치기로 오인하여 승객들에게 조심하라고 당부하기도 했단다.

그 선생이 일주일 뒤 조교를 시켜 루쉰을 연구실로 불렀다.

'내 강의를 받아쓸 수 있는가.'

'받아쓸만 합니다.'

'내가 보려하니 가져와 보게.'

루쉰은 그가 받아쓴 강의노트를 선생에게 건넸다. 후지노 선생은 이삼일 뒤에 강의노트를 되돌려주며 일주일에 한 번씩 노트를 가져 오라고 한다. 루쉰은 노트를 펼쳐보고 깜짝 놀란다. 그는 감격했다. 그의 강의노트가 처음부터 끝까지 붉은 글씨로 고쳐져 있었던 것이다. 빠진 부분은 보충을 했고 문법이 틀린 곳은 바로잡아 주었다. 선생의 이러한 배려는 그가 맡은 강의마다 되풀이되었다. 어떤 때는 루쉰이 노트에 그린 혈관의 위치를 바로잡아주기까지 했다.

2학년 때 루쉰은 세균학 강의를 수강했다. 세균의 모양을 모두 슬라이드로 보여주었다. 수업이 일찍 끝나 시간이 남을 때는 시사 필름을 보여 주곤 했다. 당시는 러일전쟁이 한창 벌어지고 있던 때였다. 루쉰은 어느 날 한 중국인이 러시아의 스파이라는 이유로 일본군에게 체포되어 총살당하는 장면을 담은 슬라이드를 보았다. 그 주위를 둘러싸고 구경하고 있는 사람들도 중국인들이었다. 그리고 또 한 사람의 중국인인 루쉰 또한 교실에 있었다. 슬라이드가 한 장 한 장 넘어갈 때마다 교실 안의 일본인들은 박수를 치며 환호성을 질렀다. 루쉰은 나중에 중국에 돌아온 뒤에도 죄인들이 총살당하는 것을 태평스레 구경하는 사람들을 보았다.

2학년이 끝나갈 무렵 루쉰은 후지노 선생을 찾아가 의학 공부를 그만두고 싶다고, 센다이를 떠나겠다고 말했다. 그 말을 들은 후지노 선생은 슬퍼 보였고, 뭔가를 말하려는 것 같았지만 아무 말도 하지 않았다. 루쉰은 선생을 위로하기 위해 생물학을 공부하려 한다고 말한다.

떠나기 며칠 전 후지노 선생은 루쉰을 자기 집으로 초대하여 사진 한 장을 주었다. 사진의 뒷면에는 '석별惜別'이란 두 글자가 적혀 있었다. 후지노 선생은 루쉰의 사진을 보내주면 좋겠다고 말한다. 하지만 루쉰은 사진을 갖고 있지 않았다.

후지노 선생은 사진을 찍어 자신에게 보내주고 가끔 어떻게 살아가는지 편지를 써서 알려 달라고 했다.

　루쉰은 센다이를 떠난 후에도 여러 해 동안 사진을 찍지 않았고 상황 또한 좋지 않아 스승에게 실망스런 소식을 전하게 될까봐 편지도 차마 쓰지 못했다. 후지노 선생은 루쉰의 마음 속에 위대한 스승으로 남았다. 그를 격려해주고 감동시킨 스승. 루쉰에게 많은 기대를 걸었고 끈기 있게 가르쳐 준 고마운 스승이었다. 루쉰은 후지노 선생이 고쳐 주었던 두꺼운 노트를 세 권으로 묶어 영구히 기념하기 위해 소중히 간수했다. 언젠가 이사를 하다가 책 상자 하나가 부서져서 그 안의 책들을 절반이나 잃었는데 불행히도 그 노트도 잃어버렸다. 그러나 루쉰은 스승의 사진만은 이곳 호랑이꼬리 서재의 동쪽 벽에 책상과 마주 보게 걸어 놓았다. 저녁에 피곤하여 게으름 피고 싶어질 때면 고개를 들어 등불 밑의 그 검고 여윈 얼굴을 보았다. 그러면 당장이라도 그 특유의 느린 어조로 말을 할 것 같아 루쉰은 용기가 샘솟았다.

　현대 중국의 큰 별과 일본인 스승의 사랑. 루쉰이 죽었다는 소식을 접하고 스승은 제자를 추도하며 글을 썼다고 한다. 스승과 제자의 사랑이 이 정도는 되어야 하지 않을까.

　1905년 겨울 세균학 강의에서 본 슬라이드는 루쉰에게 큰 충격이었다. 일본군에 의해 동족이 죽어가는 광경을 아무 생각 없이 바라보고 있는 중국인들의 모습을 본 루쉰은 의학 공부가 급한 것이 아니라는 생각이 들었다. 육체적 건강보다 정신적 건강이 더 중요했다. 지금 중국에게 가장 절실하게 필요한 것은 중국인들의 정신을 변화시키는 것이란 생각이 들었다. 그러기 위해서는 문학이 가장 좋은 수단이라고 여긴 루쉰은 문학을 공부하기로 결심하게 된다. 멍청한 중국, 부패한 중국을 어떻게 의학으로 고칠 수 있겠는가.

　루쉰은 중국으로 돌아간 뒤 작가의 길을 걸어갔다. 희망이 보이지 않는 절망감과 싸워가며 루쉰이 쓴 글은 짧은 잡문들이었다. 1918년 5월에 《신청년新青年》에 발표한, 그의 첫 번째 단편 〈광인일기狂人日記〉는 그를 중국의 신문화 운동을 주도하는 지식인의 반열에 들게 했다. 소설 속 주인공 광인은 주위 사람들이 자신을 잡아먹으려고 노리고 있다는 망상에 사로잡혀 있다. 루쉰은 이 소설에서 식인食人의 주체를 전통문화와 사회로 본다. 중국인들의 마음을 옥죄어왔던 전통 유교사상을 식인에 비유하여 신랄하게 비판하고 있다.

　몇 년 뒤 루쉰이 중국인들의 병든 정신을 고쳐야겠다는 생각에서 쓴 글이 바로 〈아큐정전阿Q正傳〉이다. 소설 속 주인공 아큐阿Q는 이름도 집도 없다. 생각이 단순한 부랑자다. 그는 항상 주위 사람들로부터 멸시와 조롱을 당하지만 이것을 상상을 통해 '정신적 승리'로 변환시키는데 재빠르다. 소설의 마지막에 아큐는 영문도 모른 채 혁명군에 의해 처형된다. 마치 루쉰이 일본에서 목격했던 슬라이드 속 이름 모를 중국인과 마찬가지로 그가 처형되는 모습을 냉담하게 바라보고 있는 군중들에 의해 둘러싸인 채 아큐는 처형되었다. 그 상황에서 정신적 승리는 불가능했다. 그를 둘러싸고 있던 군중들 또한 이 상황을 바꿀 의지나 능력이 없었다. 루쉰의 소설 속 아큐는 바로 당시 중국의 모습이었다. 루쉰은 중국의 무력함을 신랄하게 비꼰 것이다.

베이징의 다관위안大觀園이란 공원에 있는 한 누각에서 세 분의 노인들이 난간 위에 걸터앉아 무언가 담소를 나누고 있다. 그 모습이 참으로 한가롭다. 근데 왼쪽 끝에 앉아 있는 노인의 시선이 한 곳으로 향한다. 그는 옆 사람의 이야기를 들으며 바닥에 놓아둔 새장 안에 있는 새를 유심히 바라보고 있다. 중국을 여행하다보면 이러한 광경을 자주 목격하게 된다. 아침에 공원에 가보면 쭉 늘어선 가로수의 나뭇가지 위에 자그만 새장을 걸어 두고 벤치에 앉아 한가로움을 즐기는 중국의 노인들을 어렵지 않게 발견할 수 있다. 한국에서는 흔히 볼 수 없는 온갖 '진귀한' 새들이 한꺼번에 조잘대는 모습은 실로 장관이다. 중국인들, 아니 정확하게 말해 그들의 문화전통을 잃지 않고 지키고 싶어 하는 중국의 노인들은 새 키우는 걸 무척 좋아한다. 근데 왜 그들은 새 키우는 걸 좋아하는 걸까.

뒤쪽의 그림을 보자. 명나라 때 한 무명의 화원화가가 그린 것으로 보이는 족자 그림이다. 그림의 가운데에 서 있는 덩치 큰 사람은 명나라의 황제인 성화제(재위 1465-1487)이다. 그는 어린 환관이 들고 있는 새장 속의 새를 바라보고 있다. 명나라 때는 보는 문화가 발달했다. 무언가를 바라보고 감상하는 것은 쾌락을 위한 행위였다. 새를 바라보며 감상하는 것은 뛰어난 예술품을 감상하는 것과 같이 고상한 행위로 여겨졌다. 성화제가 왜 화가에게 그가 새를 바라보고 있는 모습을 그리게 했을까. 그것은 통치자가 그의 지위에 어울리는 이러한 고상한 취미에 빠져도 될 만큼 제국이 평화와 번영을 누리고 있음을 강조하기 위해서였다.

만주족이 만리장성을 넘어와 청나라를 세운 뒤 베이징의 내성 안에 들어와 거주하기 시작한, 청나라의 귀족이라고 할 수 있는 팔기군八旗軍들은 어떠한 생업에도 종사하는 것이 금지되었다. 국가가 그들을 먹여 살렸던 것이다. 나라가

태평할 때 무료한 그들에게 경극을 관람하고, 새장을 들고 산책을 가거나 투계를 하는 것은 주요한 취미생활의 일부가 되었다. 지금 베이징에는 옛 팔기군의 후예들이 살고 있다. 가난하지만 자존감 강한 그들은 자신들의 조상들이 이루어 놓은 전통문화를 잃지 않고 지키려고 한다.

베이징의 새 마니아들에게는 그들 나름의 규칙이 있다. 다른 종류의 새들을 가진 사람들과는 함께 섞여 앉지 않는다. 다른 종의 새들과는 '대화'가 통하지 않는다는 생각에서다. 같은 종의 새라 해도 타지에서 갓 온 새는 좀 멀찍한 곳에 걸어둔다. 아직 베이징 '사투리'에 익숙하지 않아서 무리와 어울리기 위해서는 그들의 '랭귀지'를 배울 시간이 필요하다는 거다.

베이징의 새 마니아들에게는 새를 키우는 데 세 가지 목적이 있단다. 첫 번째 목적은 바라보며 즐기기 위해서다. 깃털 색깔이 예쁜 새만을 키우는 마니아들이 있다. 눈을 즐겁게 하기 위함이다. 두 번째는 마음을 즐겁게 하기 위해서다. 어떤 마니아들은 예쁜 것과는 거리가 먼 되새나 잣새를 키운다. 이러한 새들은 생긴 것은 못났지만 똑똑해서 조금만 훈련시키면 주인의 말을 잘 알아듣고 재주를 부린다고 한다. 세 번째는 귀를 즐겁게 하기 위해서다. 이 부류의 마니아들은 개똥지빠귀나 종달새를 키운다. 이 세 번째 목적을 위해 새를 키우는 마니아들이 가장 많다. 근데 귀를 즐겁게 하기 위해서는 부단한 노력을 쏟아야 한다. 새의 주인은 매일 아침 새장을 들고 산책을 하며 새에게 바람을 쐬어 주어야 하고, 같은 종의 새 곁으로 데려가 서로 '커뮤니케이션'을 하게 해 줘야 한다. 잘 먹이고 즐겁게 해 줘야 이 새가 언젠가는 '득음'을 할 수 있다.

명나라 황제 성화제가 어린환관이 들고있는 세장 속의 새를 바라보고
있다. 이당시 새를 바라보며 감상하는 것은 뛰어난 예술품을 감상하는
것과 같이 고상한 행위로 여겨졌다.

2. 현대판 자금성 중난하이

중난하이中南海. 처음에는 금나라의 행궁인 대녕궁大寧宮다닝궁의 일부였다.
원나라 때에는 쿠빌라이 칸이 이곳에 궁성의 내원內苑을 지었다. 명나라 때
에는 태액지太液池타이예츠 또는 금해金海진하이라고도 불렸으며, 영락제가 천
도하기 전에는 그의 연왕부燕王府옌왕푸였다. 1888년에 서태후는 중난하이를
그녀의 정무와 유흥을 위한 장소로 만들었다. 서태후는 1898년에 이곳에 있
는 영대瀛臺에 광서제를 2년 동안 감금했다. 1913년에는 위안스카이가 이곳
에 총통부를 두었다. 1928년 중난하이는 공원으로 개방되었으나 1949년 이
후에는 중국 공산당 중앙위원회와 국무원이 들어서면서 중국 정치의 중심
지가 되었다. 마오쩌둥, 저우언라이, 류사오치劉少奇, 주더朱德 등이 여기에
서 살았고, 오늘날에도 중국 최고 지도자들의 주거지로서 일반인의 통행이
엄격히 제한된다.

　　루쉰 고거에서 나와 지하철을 타고 푸싱먼復興門역을 거쳐 톈안먼시天安門
西역에서 내려 A출구로 나와 시창안제西長安街를 따라 서쪽으로 걸어가 보
자. 중국의 최고 지도자들이 머물고 있는 중난하이의 정문이자 남문인 신화
문新華門신화먼이 모습을 드러낸다. '신화新華.' 새로운 중국이란 뜻이다. 이
문에도 버젓이 영벽을 제대로 갖추었다. 그 영벽에는 '爲人民服務'란 황금
빛 글씨가 새겨져 있다. '인민을 위해 봉사한다'는 뜻이다.

　　중난하이는 일반인의 발걸음을 멈추게 하는 현대판 자금성이다. 예전에
는 일반인에게 개방했지만 1999년 파룬궁의 시위 이후 중난하이는 '금성禁
城'으로 전환되었다. 그래서 신화문의 입구에 경비병이 두 명 서 있고 사복

한 '군인' 한 명이 그 앞을 서성인다. 그의 앞 땅바닥에는 하얀 선이 그어져 있다. 신화문 앞에서 기념사진을 찍는 사람들이 그 '금'을 넘지 못하게 지키고 서 있다. 신에게 제사를 지내는 사당이 있는 신성한 숲이니 발걸음을 멈추어라. '금지禁止'란 한자의 뜻이다. 이 '금지된 성'에 후진타오가 있다. 그는 이곳에서 중국을 '조화로운 사회'로 건설하려고 노력하고 있다. 현재까지는 잘 되고 있다. 앞으로도 잘 될 것이다. 그의 역할이 기대된다.

首都博物館

江澤民

3. 수도박물관의 청화백자

주소: 宣武區 復興門外大街 16號
교통편: 지하철 무시디역
입장료: 30원
개방시간: 9am-5pm
홈페이지: http://www.capitalmuseum.org.cn

지하철을 다시 타고 무시디역에서 내리자. C출구로 나와 푸싱루復興路를 따라 동쪽으로 가면 수도박물관首都博物館서우두보우관이다. 지하철역에서 가까워서 걸어가도 괜찮다. 이 새로이 지은 박물관은 큰 길 가에 웅장한 자태를 뽐내며 서 있다. 원래 공자 사당에 있었던 것을 이곳으로 옮겨와 2006년에 개관했다고 한다. 현대식 건물에 중국의 옛 제기인 청동기를 결합해 놓은 아이디어가 기발하다. 박물관 이름이 수도박물관이라 그런지 베이징을 중심으로 박물관을 꾸며 놓았다. 베이징의 역사와 문물 그리고 생활상 등을 살펴볼 수 있는 전시실들로 가득하다.

박물관 여행을 지하에서 시작하여 위로 훑어 올라가 보자. 지하에는 구내 서점이 있다. 박물관에 딸린 서점이라 그런지 예술과 문화 방면의 책이 많고 정리가 잘되어 있다. 로비인 1층을 거쳐 2층으로 올라가면 베이징의 역사와 문화를 살펴 볼 수 있는 전시실과 중국의 명화를 감상할 수 있는 전시실이 있다. 3층에서는 베이징의 건축문화를 체험하고 고대 서예 작품을 감상할 수 있다. 4층이 가장 다채롭다. 베이징 지역에서 출토된 청동기와 고대

불상 그리고 자기를 감상하고 경극 공연장을 재현해놓은 전시관을 둘러볼
수 있다. 4층에서 단연 돋보이는 것은 고대자기예술정품전이란 자기 전시
실에 있는 청화백자였다. 백자의 새하얀 바탕과 코발트블루라는 안료로 그
린 무늬의 선명한 푸른색이 자아내는 어울림이 보는 이의 시선을 사로 잡는
다.

　자기는 고대 중국의 주요 수출품이었다. 자기는 고령토로 그릇을 빚어
1300℃의 고온에서 구운 것이다. 다른 나라에는 자기를 구울 기술이 없었
다. 페르시아 등지에서 생산되는 도기는 가마 속에서 온도가 800℃ 이상 올
라가면 그만 주저앉아 버린다. 1709년에 마이센에서 자기를 생산할 수 있게
되기 전까지 서양에서는 자기를 구울 수 없었다. 자기 제작법은 오직 중국
만이 갖고 있던 신비의 기술이었다.

중국 자기에 대한 해외시장의 수요가 증가됨에 따라 송나라 때는 자기 산업이 성행했다. 무겁고 부피가 많이 나가는 자기는 낙타에 실려 캐러밴을 통해 운반되는 것보다 해로를 통해 배로 운반하는 것이 훨씬 수월했다. 자기와 같은 수출품의 운송과 관련 하여 조선업 또한 북송 때 이미 고도로 발달한 산업이었다. 4,5백 명을 수용하고 150톤에 달하는 화물을 싣기 위해 10개의 돛대를 단 대규모의 범선이 제작되었다. 또한 새로이 발명된 나침반이 항해에 사용되었다. 송나라 정부는 광저우廣州, 취안저우泉州, 닝보寧波 그리고 항저우杭州에 운송을 위한 관청을 두어 해외시장을 개척했다. 남송 말에는 네덜란드인들이 자기를 사기 위해 취안저우로 왔다. 거래되는 자기의 가격은 금값과 맞먹었다.

용 그림이 그려진 이 아름다운 청화백자는 명나라 영락제 때 만들어진 청화이룡천구병靑花이龍天球瓶이란 작품이다. 용의 모습이 조금 이상해 보이지 않는가. 이 용은 중앙아시아의 용이다. 생긴 것도 좀 다르고, 중국의 용은 발톱이 5개인데 이 청화백자에 그려져 있는 용은 발톱이 3개다.

원나라 때 등장한 청화백자는 중국의 조정 관료들과 문인들의 호응을 얻지 못했다. 그들은 여전히 고아한 문인들의 취향

청화이룡천구병

에 맞는 단색의 자기를 선호했다. 원나라 청화백자는 해외시장의 고객들을 겨냥하여 탄생했다. 당시 청화백자의 주요 고객층은 이슬람 국가들이었다. 청화백자는 실크로드를 통해 중앙아시아와 서아시아로 수출되어 오토만제국의 왕족들에게 사랑을 받았다. 그들에게 중국의 자기는 패션과 사치, 높은 신분의 상징이었다.

청화백자의 안료로 쓰였던 코발트블루는 13세기부터 15세기 중반까지의 기간에 페르

시아와 시리아 그리고 그 밖의 다른 서아시아 지
역의 상인들이 육상과 해상의 실크로드를
통해 수공예품과 향신료 등 다양한
무역품과 함께 중국으로 갖고 들어
왔다. 경덕진景德鎭징더전의 도공들
은 서아시아의 이슬람 국가들에서
수입한 코발트블루로 그 지역 이슬람
교도들의 취향에 딱 들어맞는 빛깔을
내는 청화백자를 탄생시켰다. 당시 취안
저우는 부유한 이슬람 상인들이 몰려드는 무
역항이었다. 그들은 이곳에서 대량의 청화

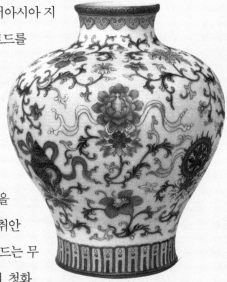

백자를 구입하여 이란, 시리아, 레바논, 터키, 이탈리아, 이집트, 케냐, 탄자
니아 등의 나라들에 되팔아 많은 수입을 올렸다. 원나라 때 생산된 청화백
자는 대부분 부피가 크다. 서아시아 이슬람 국가 고객들의
취향을 고려한 것이다. 큰 접시는 마루에 둘러 앉아 손으
로 음식을 먹는 이 지역 관습에 맞춘 것이다.

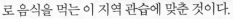

天　月　牌　大月普洱
TEAJOY　有好普洱的地方

4. 차의 거리
4.1. 차마고도

쉬안우취宣武區의 마롄다오馬連道에 유명한 차졔茶街가 있다. 말 그대로 차의 거리다. 8개의 차 도매시장과 600여 개소가 넘는 차 전문점이 5백 여 종의 차를 판다. 수도박물관에서 그리 멀지 않다. 차의 거리. 몇 백 미터를 걸어 가도 온통 차를 파는 가게들뿐이다. 한참을 걸어가니 '마롄타오차청馬連道茶城' 이란 간판이 보인다. 차의 성이라. 빌딩 전체가 차를 파는 곳이다. 서울에도 이러한 종류의 전문상가들이 있다. 근데 우리는 차가 아니라 전자제품을 판다. 수많은 다구茶具와 차를 진열해 놓은 모습이 진풍경이다.

차를 마시기 시작한 민족은 중국인들이다. 차의 역사는 무척 오래되었을 것이다. 중국인들의 일상생활에 차가 정착하기 시작한 것은 당나라 때부터다. 이때부터 중국은 차로 주변지역을 컨트롤했다. 예를 들어 송나라는 차의 공급을 중단함으로써 서하西夏의 항복을 유도하려 했다. 중국 서북부의 유목민족들은 차를 만병통치약으로 여겼다. 차를 처음 접한 그들은 차에다 소금, 마늘 그리고 말린 생선을 함께 넣어 마셨다. 농경국가인 중국은 차를 생산하고 중앙아시아의 유목민족들은 말이 풍부했다. 원래 당나라는 비단과 말을 교환했다. 비단과 말을 교환하는 것은 중국에게 수지가 맞지 않은 장사였다. 그래서 중국

은 점차 비단을 차로 대체하기 시작했다.

티베트는 채소가 부족하고 고기와 우유로 생활하는 유목민족들에겐 소화를 돕고 필요한 비타민을 제공하는 차가 필수적이었다. 티베트에 차가 알려진 것은 한나라 때부터다. 하지만 티베트 사람들은 그들에게 처음으로 차를 소개한 사람은 당나라 때 티베트 왕에게 시집 온 태종의 딸 문성공주文成公主(680년 졸)였다고 알고 있다. 티베트의 날씨와 음식이 맞지 않았던 그녀는 매일 아침 야크 젖의 강한 냄새를 없애기 위해 차와 섞어 마시게 되었다. 여기에 버터까지 곁들였는데, 이것이 티베트인들이 즐겨 마시는 버터차의 시초라고 한다.

그렇다면 중국인들은 왜 말이 필요했을까. 중국인들이 말의 필요성을 절실하게 인식하기 시작한 것은 진시황제(재위 기원전 221년-기원전 206년) 때부터다. 최초로 중국을 통일하고 막강한 권력을 휘두르던 유아독존의 진시황제가 유일하게 두려워했던 존재가 있었다. 몽골 초원지대에서 발원한 유목민족인 흉노였다. 광활한 중앙아시아의 초원을 지배했던 흉노는 자주 중국의 국경을 침범했다. 진시황제는 위협적인 흉노의 침범을 막기 위해 만리장성을 쌓았다.

기원전 213년에는 몽염蒙恬에게 10만 대군을 주어 흉노의 터전이던 지금의 내몽고 자치구 남쪽 끝에 있는 오르도스 지역을 정벌하게 했다. 흉노는 한나라에게도 위협적인 존재였다. 흉노에게는 농경을 기반으로 한 중국의 유교적 패러다임이 통하지 않았다. 초원은 집약적 농경이 불가능했고, 광막한 초원을 끊임없이 이동하며 살아야했던 유목민족들에게 정착문화를 받아들이도록 유도하는 것도 힘들었다. 그들과 화친을 맺든지 아니면 무력으로 정복해야 했다. 한나라는 흉노와 통혼을 맺고 매년 몇 차례 선물을 주어 그들을 회유하기 위해 국세의 10%를 소비했다. 하지만 이러한 회유책은 소용이 없었다. 흉노의 힘을 더욱 강하게 만들 뿐이었다.

그들은 계속하여 중국 국경을 침범하여 변경지역을 불안하게 만들었다. 한무제(재위 기원전 141년-기원전 87년)는 강경책을 선택했다. 위협적인 터프가이 흉노를 상대하기 위해 한나라에게 절실하게 필요했던 것은 중앙아시아의 튼튼한 말이었다. 흉노가 중국에 위협적일 수 있었던 것은 그들의 뛰어난 군마와 우수한 승마술 때문이었다. 한무제는 중국의 보병으로는 흉노를 대적할 수 없음을 너무나 잘 알고 있었다. 흉노를 제압하기 위해서는 말이 절실하게 필요했다. 중국은 몽고로부터 말을 수입했으나 몽고말은 몸집이 작고 다루기 힘든 조랑말이었다. 군마로 쓰기에는 부적합했다. 그들에게 필요한 것은 중앙아시아에서 나는 키가 크고 몸집이 좋은 아랍종 말이었다. 그런데 문제는 이 중앙아시아의 말들을 중국에서는 잘 키울 수가 없었다. 칼슘이 부족한 중국의 토양이 말을 키우기에 불리한 환경으로 작용했다. 그래서 중국은 말을 꾸준히 조달해야 했다. 중앙아시아의 좋은 말을 확보하는 것은 20세기 초반까지 계속되었던, 중국이 서역과의 교역에서 가장 중요하게 여기는 국가적 사업이었다.

중국과 중앙아시아는 서로를 필요로 했다. 이들의 차와 말에 대한 수요가 차마고도茶馬古道라는 교역로를 탄생시켰다. 중국 서남부 국경의 험준한 산과 산. 세계에서 가장 아름답고 위험한 산길을 마방이라 불리는 상인들이 말과 야크의 등에 차를 싣고 오갔다. 한나라 때 쓰촨과 인도를 잇는 차마고도가 형성되었다. 그때는 이 길을 '촉신독도蜀身毒道' 라 불렀다. 당나라 때부터 교역이 활발해지면서 이 차마고도는 아시아 대륙을 잇는 가장 크고 복잡한 교역로로 자리를 굳혔다. 운송의 편의를 위해 차의 집산지인 윈난에서 찻잎을 압축하여 덩어리로 만들어 운반했다. 험한 산길이 실핏줄처럼 연결된 차마고도 가운데 마방들이 주로 이용하던 길은 윈난의 남부 시솽반나西雙版納와 쓰마오思茅에서 출발하여 다리大理, 리쟝麗江, 중뎬中甸, 더친德欽을 거쳐 창두昌都 그리고 티베트의 라싸까지 윈난과 티베트를 잇는 노선과 쓰촨의 야안雅安에서 출발하여 캉딩康定을 거쳐 창두에서 윈난-티베트 노선과 라싸를 통해 티베트에서 네팔과 인도로 이어지는 쓰촨과 티베트를 잇는 노선이다.

다도의 클래식이라 할 수 있는 《다경》을 쓴 당나라때 문인
육우陸羽경의 동상

중국차는 제조 방법에 따라 대체로 6가지로 나눈다.

가장 오랜 역사를 지닌 녹차는 잎을 따서 발효하지 않고 말렸기 때문에 잎 그대로의 순수한 맛과 향기를 고스란히 느낄 수 있다. 찻잎에 남아있는 수분을 제거하기 위해 녹차는 찌고, 볶고, 햇빛에 말리는 과정을 거친다. 찻물은 너무 뜨겁지 않는 것이 좋다. 80℃가 적당하다.

저쟝성 항저우의 서호용정차西湖龍井茶시후룽징차가 유명하다. 아름다운 항저우 서호에 있는 천축사天竺寺톈주쓰와 영은사靈隱寺링인쓰에서 당나라 때부터 차를 만들기 시작했으니 그 역사가 오래다. 용의 우물이란 뜻의 용정龍井은 명나라 때 주민들이 우물을 파다가 용 모양의 바위를 발견했는데 그 물맛이 달콤했다고 하여 붙여진 이름이다. 청나라 건륭제가 남방을 순시했을 때 이곳 서호에 들러 찻잎을 따는 여인네들의 솜씨가 뛰어난 걸 보고 재미있을 것 같아 자신도 찻잎을 따고 있었는데 갑자기 모후가 편찮다는 소식을 접하고 다급한 마음에 딴 찻잎을 소매에 쑤셔 넣고 급히 귀경했다고 한다. 모후의 병세는 위중하지 않았다. 자식이 그리웠을 뿐이었다. 한데 건륭제의 몸에서 향기로운 냄새가 나는 것을 이상하게 여긴 모후는 그 이유를 물었다. 알고 보니 소매에 넣어둔 찻잎에서 우러 나온 향기였다. 그 찻잎으로 우려낸 차를 마시고 모후의 병이 완쾌되었다고 한다.

황산모봉黃山毛峰황산마오펑은 안훼이성의 아름다운 황산에서 생산되는 명차다. 장쑤성의 아름다운 도시 쑤저우의 태호 동정산洞庭山둥팅산에서 나는 벽라춘碧螺春비뤄춘 또한 이름난 녹차다. 짙은 차향이 그 특색이다. 차 이름은 이 차를 맛본 건륭제가 지은 것이라고 한다. 이 차를 우려낼 때는 투명한 유리 차 주전자를 사용하는 것이 좋다. 찻잎이 물에 가라앉으면서 천천히 이파리를 여는 모습이 마치 해마가 바다 속에서 춤을 추는 듯하다. 몽정감로蒙頂甘露멍딩간루는 쓰촨성에서 생산되는 녹차다. 서한 때 감로란 이름의 스님이 몸소 차나무를 재배한데서 이름이 붙여졌다.

홍차는 발효한 차다. 우려낸 차의 색이 오렌지 레드 빛깔을 낸다. 녹차와는 달리 찌고 볶는 과정을 거치지 않고 발효했다. 녹차의 향기가 담백하다면 홍차는 그 향이 짙다. 홍차는 청나라 때 처음 등장하여 그 역사가 매우 짧지만 청나라 말에 서구에 수출했던, 중국의 대외무역에 큰 비중을 차지했던 차이다. 홍차는 푸지엔성이 원조다. 현재는 가장 많이 생산되고 애용되는 차이다. 기문祁門치먼홍차는 백 년의 역사를 지니고 있다. 청나라 말 때 푸지엔성의 한 은퇴한 관리가 이 차 제조법을 고향인 안훼이성으로 갖고 와서 찻집을 열었다. 홍차는 유럽인, 특히 영국인들이 좋아한다. 영국은 겨울에도 거의 매일 비가 내린다. 스산한 날씨에 따뜻한 홍차 한 잔. 영국인들이 홍차를 좋아하는 이유다. 홍차 가운데 얼 그레이Earl Grey가 유명하다. 영국의 수상이던 Earl Grey(1764-1845)의 이름을 딴 홍차다. 홍차에 베르가모트 향을 가미했는데, 그 맛이 독특했다.

오룡차烏龍茶우룽차는 반발효차다. 녹차와 홍차의 제조법을 결합하여 두 차의 장점을 취한 차다. 녹차의 신선하고 담백한 맛과 홍차의 두텁고 짙은 차향을 함께 경험할 수 있다. 오룡차는 주로 푸지엔성, 광둥성 그리고 타이완에서 생산된다.

푸지엔성은 일찍부터 차의 고장으로 알려져 왔다. 철관음鐵觀音테관인은 푸지엔성의 안시安溪에서 생산되는 오룡차다. 그런데 이름이 재미있지 않는가. 쇠붙이 관음보살 '철관음.' 안시에 한 독실한 불교신자가 살았다고 한다. 그는 수 십 년 동안 하루도 빠짐없이 아침저녁으로 관음보살 앞에 녹차를 바쳤다. 그 정성이 하늘에 닿았는지 하루는 계곡 한 바위틈에서 예사롭지 않게 생긴 차나무를 발견하는 꿈을 꾸었다. 꿈에서 깨어나 꿈에서 본 장소를 찾아가보니 과연 그 차나무가 있었다고 한다. 차나무를 집으로 가져와 옮겨 심었는데 차의 향기가 유난히도 짙었다고 한다. 관음보살의 인도로 차나무를 발견했고, 찻잎의 색깔이 짙고 쇠붙이처럼 묵직하여 이 차나무의 이름을 철관음이라 붙였다. 철관음은 끓는 물로 우려내야 그 특유의 짙은 차향을 음미할 수 있다. 철관음의 찻잎은 똘똘 말려 있다. 투명한 유리잔에 찻잎을 넣고 뜨거운 물을 부어 보라. 똘똘 말려 한동안 물위에 둥둥 떠 있던 찻잎이 한 잎 한 잎 이파리를 펼치며 나풀나풀 춤을 추면서 내려앉는 모습을 바라보는 것도 재미가 솔솔하다. 철관음은 홀짝대며 조금씩 마셔야 한다. 와인을 마시듯이 찻물을 천천히 입안으로 돌리며 차향을 음미하며 마셔야 좋다. 차가 다 그렇겠지만 철관음은 몸에 좋은 성분을 많이 담고 있다. 칼륨, 불소 그리고 특히 셀레늄이 많이 함유되어 있단다. 이러한 미네랄 요소들은 항체의 생성을 돕고 면역력을 강화시켜주며 심장에 좋단다.

어떤 차가 좋은 차일까. 차를 우려낼 때 찻물이 맑아야 한다. 찻물의 색깔이 검붉거나 기름이 뜬다면 품질이 좋지 않은 차이다. 차를 우려냈을 때 찻잎이 부서지지 않고 이파리가 온전해야 좋은 차이다. 마지막으로 맛과 향이 좋아야 한다. 좋은 차는 차를 마시고 한참 뒤에 달콤한 차향이 목구멍을 통해 새록새록 뿜어져 나온다. 그 느낌은 정말 말로 표현하기 힘들다.

푸지엔성 우이산武夷山에서 생산되는 무이암차武夷巖茶우이옌차 또한 유명한 오룡차다. 우이산 암벽 위 천년 묵은 차나무에서 찻잎을 따서 매우 까다로운 공정을 거친다. 찻잎의 가장자리가 붉은 빛을 낸다.

흑차는 우연히 만들어졌다. 역사적으로 보면, 중국의 서북쪽 소수민족들의 수요에 부응하기 위해 윈난, 쓰촨, 후베이와 후난 등지에서 생산된 찻잎을 해로를 통해 북쪽으로, 다시 실크로드를 통해 서북쪽으로 운반해야 했다. 선박과 말을 통해 기나긴 여행을 해야 했던 찻잎은 날씨의 영향을 많이 받았다. 그 긴 여정에서 습기가 찼다가 다시 마르는 과정을 되풀이하다가 이 흑차가 탄생하게 되었다고 한다. 발효차에 속하는 흑차의 대표주자는 2천년의 역사를 갖고 있는 윈난의 보이차다. 한국의 여성들이 특히 좋아하는 차다. 체내에 지방과 클레스테롤을 저하시켜주고, 다른 차와는 달리 아무리 많이 마셔도 위가 쓰리는 것 같은 부작용이 없고, 특히 다이어트에 좋다. 몸에 좋다는 이유로 지금 한국에는 보이차 열풍이 불고 있다. 중국의 보이차 가격을 한국 사람들이 높여 놓았다. 보이차는 숙성을 하지 않은 생차生茶성차와 숙성 발효시킨 숙차熟茶수차로 구분된다. 생차는 10년이 지난 뒤에 가장 좋은 맛을 내며, 숙차는 2년이나 3년이 된 것이 좋다.

황차는 발효차에 속한다. 후난성 둥팅후 가운데 작은 섬 쥔산君山에서 생산되는 군산은침君山銀針쥔산인전이 유명하다. 백차는 약간 발효한 차다. 푸지엔성에서 생산되는 백호은침白毫銀針바이하오인전이 유명하다. 소량이 생산되기 때문에 세계에서 가장 비싼 차 가운데 하나이다.

4.2. 차와 아편전쟁

차의 거리에 온 김에 이곳에서 좋은 차를 마셔봐야 하지 않을까. 이 많은 차
전문점들 가운데 어디가 좋을까. 베이징에 와서 좋은 추억으로 남을만한 찻
집은 없을까. 한 찻집을 추천한다. 차의 거리에서 한 골목으로 들어서면 고
아한 분위기의 찻집 하나가 있다. 차의 거리에서 흔히 볼 수 있는 여느 찻집
과는 다른 단아한 찻집이다. 찻집의 이름은 헝정위안恒正源이다. 찻집의 주
인은 국제무역학을 전공했다는 장팅이라는 아가씨다. 공기 좋고 물 맑은 황
산黃山에서 부모가 차를 재배한단다. 이 찻집이 자랑하는 차는 황산의 대표
차인 황산모봉과 태평후괴란 차다. 이 태평후괴는 참으로 특이하게 생겼다.
다른 찻잎과는 달리 길쭉하게 생긴 것이 잎사귀가 두 잎씩 달렸다. 참으로

헝정위안

비싼 차다. 황산에서 재배한 정성스럽게 만든 좋은 차를 마시며 황산의 맑은 물처럼 해맑고 순박한 마음을 지닌 사람들과 담소를 나누는 것. 좋은 추억이 될 것이다.

차 이야기를 계속해보자. 중국차를 유럽에 처음으로 들여온 것은 1610년대 네덜란드인들이었다. 영국은 1630년대 네덜란드를 통해 중국차를 처음 접했다. 1637년에 영국의 상선은 중국에서 112파운드의 찻잎을 수입해갔다. 처음에 그들이 가져 간 것은 녹차였다. 이 녹차가 영국인들의 입에 맞지 않았나보다. 녹차는 홍차로 대체되었다.

홍차는 순식간에 영국인들의 입맛을 장악했다. 그리하여 영국이 차 교역의 중심이 되고, 1766년에는 유럽 최대의 차 소비국이 되었다. 영국인들은 차를 광적으로 좋아했다. 영국의 동인도 회사는 막대한 양의 차를 수입했다. 문제는 중국에게 그 대금을 어떻게 지불하는가였다. 산업혁명이 일어나기 전 영국은 중국으로 수출할 물품이 상대적으로 부족했다. 오직 은만이 그 해답이었다. 근데 1780년대 초반에 동인도 회사는 차 수입으로 인해 재정 파산의 위기에 직면했다. 은을 대신할 것을 찾아야했다. 중국으로부터 수입하는 것이 수출하는 것의 3배에 달했기 때문이다. 수지가 맞지 않았던 거다. 게다가 독립한 미국이 동인도 회사가 점유했던 차 시장의 일부를 잠식하여 경쟁이 치열해졌다. 중국과의 무역수지 불균형을 해결하기 위해 영국이 찾은 대안은 아편이었다. 아편은 영국의 식민지였던 인도에서 재배되고 있었고 원가의 3배나 되는 높은 가격으로 광둥에서 팔 수 있었다. 수지가 맞는 장사였다.

아편은 17세기 초에 중국에 알려졌는데, 1720년대에 중국 전역으로 퍼지기 시작했다. 1760년대에 와서 영국 상인들이 아편을 비교적 작은 규모로 중국으로 밀수출하기 시작했었는데 재정적 파탄에 빠진 동인도 회사는 체계적으로 단계를 밟아가며 인도 아편의 중국 세일에 들어갔다. 궁지에 몰린 쥐의 궁여지책이 아닐까. 아편을 금지한 청나라 정부의 노력에도 불구하고 판로에는 별 문제가 없었다. 이미 아편에 중독된 수많은 중국인들의 수요가 있었기 때문이다. 1780년대 후반, 영국인들이 지속적으로 차를 음미할 수 있도록 하기 위해 은을 아편으로 교체했던 동인도 회사의 전략은 대성공을 거두었다.

4.3. 차, 세계의 판도를 바꾸다

19세기 초까지 국제 무역의 균형은 단연 중국 쪽으로 기울었다. 유럽인들과 뒤늦게 대열에 뛰어든 미국인들이 차와 자기 그리고 비단을 사기 위해 중국 해안으로 몰려 들었다. 차를 비롯한 중국 물건에 대한 러시아의 수요는 여전히 강세였다. 서구 상인들에게 가해졌던 무역상의 제약으로부터 자유로웠던 아시아 각국과의 무역 또한 번성했다. 그러나 문제는 중국의 지출이 증대된 것에서 야기되었다. 이제 중국은 더는 자신들의 '천하' 세계의 테두리 안에서만 존재할 수 없었다. 세계 경제의 추이와 복잡하게 얽혀 있었다. 중국의 주요 은 공급원이던 라틴아메리카에서 일기 시작한 자유화 물결은 세계 은과 금의 공급을 급격하게 감소시켰으며 이것은 여러 가지 심각한 결과를 가져왔다. 인구 증가와 상업화로 인해 중국이 한창 은을 필요로 할 때 중국으로의 은 공급이 중단되었던 것이다. 은 공급의 감소는 세계적 불황을 초래했으며 경제가 나빠지니 차에 대한 수요가 줄어 들었고 따라서 차 가격을 떨어뜨릴 수밖에 없었다. 이것은 또한 서구인들이 보다 많은 아편을 중국으로 수출하는 데 박차를 가하게 만들었다. 아편이 은을 대신할 가장 효과적인 방법이었기 때문이다.

1800년 중국 정부의 아편 금지와 아편 수입 차단을 위한 거듭되는 노력에도 불구하고 아편 무역은 번영을 누렸다. 19세기 후반의 아편 수입은 19세기 초반보다 10배나 증가했다. 영국의 수입자들은 차의 대금을 지불하기에 충분하고 넘칠 만큼의 돈을 중국에서 가져갔다. 그들은 은이 넘쳐났다.

1828년에 무역균형은 전환되었다. 중국으로 들어오는 은보다 나가는 은이 많아진 것이다. 이와 동시에 사양길에 접어든 중국의 비단과 자기 산업은 중국의 경제 상황을 더욱 악화시켰다. 중국의 비단과 자기는 유럽과 일본이란 힘에 벅찬 경쟁자들을 상대해야 했다. 이들로 인해 국제 시장에서 중국 제품에 대한 수요가 줄어 들었다. 18세기 중반에 최고조에 달했던 유럽인들의 중국풍에 대한 열광적인 애호가 시들해졌고 이것은 중국 물건에 대한 수요를 더욱 감소시켰다.

1773년에 보스턴 티파티 사건이 일어났다. 영국이 동인도회사의 차를 식민지 아메리카에서 과세하고 독점 직매하고자 욕심을 부려 차 법령을 제정하자 그간 프랑스와 네덜란드에서 밀수한 차를 싼 값에 들여와 마셔왔던 아메리카 사람들이 크게 격분했다. 항의자들은 인디언으로 분장하고는 보스턴 항에서 정박 중인 동인도회사의 선박을 습격하고 차 상자를 바다 속으로 던져 버렸다. 이 사건이 계기가 되어 1775년 아메리카 독립전쟁이 일어났다. 차가 세계의 역사를 바꾼 것이다.

에필로그: 담장을 떠나며

벌써 일 년이 훌쩍 지났다. 추적추적 비 내리던 2007년 여름 어느 날, 나는 베이징으로 향하는 비행기에 올랐다. 그리고 한 달 간 베이징 담장 속을 누비고 다녔다. 이 글은 그 때 내가 보고 느꼈던 것을 적은 기록으로, 베이징에 머물며 쓴 일기에서 출발한다. 자금성의 붉은 담장 아래서, 원명원의 땅바닥에 쓰러진 기둥 위에 걸터 앉아서, 아니면 버스 안에서 생각날 때마다 베이징에 대한 나의 단상들을 모은 글이다. 하지만 기행문의 형식은 피했다. 베이징에 대한 알찬 정보를 제공하기 보다는 나의 주관적인 감성이 많이 배어들 것 같다고 생각했기 때문이다. 그래서 이 글에서 나는 철저히 '나'를 뺐다.

8백 년 고도 베이징. 오랜 세월 동안 중국의 중심이기에 볼 것이 너무도 많은 베이징은 양파 같다. 껍질을 벗기고 또 벗겨도 그 속은 끝을 보여 주지 않는다. 굵직굵직한 곳들만 찾아다녔는데도 한 달로는 벅찼다. 그동안 돌아본 곳들을 7개 코스로 나누었다. 하루에 한 코스씩 일주일. 조선족 가이드의 깃발을 따라다니는 패키지여행에 만족하지 못하고 꼼꼼하게 준비해서 베이징을 진하게 느껴 보고 싶은 사람. 이 책은 이러한 독자를 위해 베이징과 그 문화를 넓고 깊게 보고 쓴 글이다.

이 글을 마치면서 아쉬움이 많이 남는다. 다시 한 번 더 베이징엘 가고 싶다. 단 며칠만이라도. 나는 중국문학을 전공했지만 최근 몇 년 동안 그림에 빠져 있다. 고궁박물원에 소장되어 있는 중국의 명화들을 직접 대할 수 있었던 것은 그림에 관심 있는 나에게 오랫동안 잊지 못할 추억이었다. 다산쯔 798예술구에서 본 중국 현대 아방가르드 작가들의 그림들은 나에게 신선한 충격을 주었다. 그래서 세계적으로 유명한 네 명의 국내파 작가들의 대표적인 작품들에 대한 감상을 글로 풀고 저작권 문제로 이들에게 여러 차례 이메일을 보냈으나 대답이 없었다. 결국 그들의 작품을 책에 싣지 못하고 해설만을 달 수 밖에 없었다. 이 점 독자들에게 죄송할 따름이다.

이 책을 쓰는 동안 힘이 되어 주신 여러분께 고마움을 전하고자 한다. 내가 힘들어 할 때 항상 격려와 자극을 주었던 유영하 선배. 선배로부터 루쉰과 후지노 선생에 관한 이야기를 듣지 않았다면 루쉰 고거의 호랑이 꼬리를 그냥 지나쳐 버렸을 것이다. 베이징에 머무는 동안 거의 매일 함께 하면서 든든한 버팀목이 되어 주셨던 심우영 선생님. 무더운 여름날 자금성과 이화원 그리고 원명원 등을 같이 다니면서 중국 건축과 원림에 관한 내공을 전수해 주시고 귀중한 사진 자료를 선뜻 제공해 주신 이행렬 선생님. 세 분에게 머리 숙여 감사한 마음을 전한다. 마지막으로 아름나무의 김연주 주간님과 유희정 팀장님에게 고마움을 표하고 싶다. 책은 글을 쓴 사람과 편집자의 합작품이라 생각한다. 편집자에 따라 책이 달라진다. 거칠고 어눌하기 그지없는 글이 두 분의 열정과 예민한 감성으로 아름다운 책으로 거듭 날 수 있었다. 더딘 글을 오래 동안 말없이 기다려주신 아름나무의 배려에 감사한다.

2008년 7월28일 通而堂 이은상 씀